Buddha Box

Begleitbuch zu den 53 Meditationskarten

Arkana
Goldmann

Buddha Box

Begleitbuch zu den 53 Meditationskarten

Aus dem Amerikanischen
von Rajmani H. Müller

OSHO

Die amerikanische Originalausgabe erscheint zeitgleich mit der vorliegenden deutschen Erstausgabe unter dem Titel »Buddha Discovery Deck« bei Barnes & Noble.

Osho® ist ein eingetragenes Trademark der Osho International Foundation.
Veröffentlicht mit Genehmigung der Osho International Foundation, www.osho.com
Grafik von Bullet Liongson
Fotografien mit freundlicher Genehmigung des Osho Meditation Resort, Pune, sowie privater Sammlungen.
Besonderer Dank für ihre Fotobeiträge und fachkundige Beratung an Anandadas, Ishana, Zeenat, Shivananda, Anil und Alexandra.

Umwelthinweis:
Alle bedruckten Materialien dieses Taschenbuches sind chlorfrei und umweltschonend.

Deutsche Erstausgabe September 2003

Gestaltung des Buchumschlags sowie der Box: Design Team München
Satz: Uhl + Massopust, Aalen
Verlagsnummer: 33708
Redaktion: Ralf Lay
WL · Herstellung: WM
Printed in China
3-442-33708-9

1. Auflage

Inhalt

Über die Verwendung der Karten

Die 53 Karten der *Buddha Box* sind ein Hilfsmittel, um auf spielerische Weise das beobachtende Gewahrsein von Gedanken, Gefühlen und körperlichen Aktivitäten im täglichen Leben zu unterstützen. Es sind dies keine »Orakelkarten«, mit denen wir in die Zukunft schauen oder gegenwärtige Ereignisse deuten könnten. Vielmehr sind die Karten als Hinweise gedacht, um uns daran zu erinnern, dass jeder von uns das Potenzial in sich trägt, zu erwachen und selbst zu einem Buddha zu werden – und dass es dieser Prozess des Erwachens ist, der unserem Leben erst Sinn und Bedeutung gibt.

Das Kartenspiel besteht aus insgesamt 53 Karten – eine für jede Woche des Jahres sowie eine zusätzliche, nicht nummerierte Karte mit dem Namen *Sammasati*, was so viel heißt wie »Erinnere dich!«. Sie soll uns ins Gedächtnis rufen, dass es letztlich die Aufgabe und Fähigkeit eines jeden von uns ist, »sich selbst ein Licht« zu werden und damit das Versprechen des Buddha in unserem Innern zu erfüllen.

Jede Karte zeigt das Foto einer Buddhastatue, ein kurzes Zitat (*Sutra*) aus dem *Dhammapada*, der umfangreichen Sammlung von Aussprüchen des Gautama Buddha, sowie einen Kurzkommentar Oshos zu dem jeweiligen *Sutra*. Das Begleitbuch entspricht den Karten und enthält zu jeder Karte weitere, ausführlichere Kommentare, die den Zugang zu einem umfassenden Verständnis erschließen.

Hier ein paar Vorschläge zur Verwendung der Buddha Box:

Bevor Sie anfangen, die Karten zu verwenden, empfiehlt es sich, die Einführung im Begleitbuch zu lesen. Das wird es Ihnen erleichtern, Absicht und Herkunft dieser Texte sowie den rechten Umgang mit ihnen zu verstehen.

Wählen Sie jeweils am Beginn einer Woche eine Karte, die Sie stets bei sich haben sollten, um während des Tages immer wieder einen Blick darauf werfen zu können. Am Anfang kann es hilfreich sein, sich feste »Erinnerungszeiten« bzw. Situationen vorzunehmen, die Ihnen helfen, sich zu erinnern – etwa zur Essenszeit oder in den Arbeitspausen. Sinnvoll ist es, die Karte so aufzubewahren, dass Sie Ihre Tätigkeit bewusst unterbrechen und die Karte hervorholen müssen, um sie zu betrachten. Wenn etwas ständig sichtbar vor unseren Augen ist, wird es schnell zum festen Bestandteil unserer Umgebung, und wir bemerken es dann kaum noch.

Die Karten sind fortlaufend nummeriert, damit Sie den zugehörigen Text im Buch leicht finden können. Sie müssen sich aber nicht an die Reihenfolge halten, sondern können die Karten auch beliebig auswählen – »blind« oder nach Worten und Bildern, die Ihnen gerade besonders zusagen. Achten Sie nur darauf, dass Sie jede Karte nach Ablauf der Woche beiseite legen, damit Sie immer mit einer neuen arbeiten.

Lesen Sie zu der gewählten Karte den entsprechenden Abschnitt im Buch. Im Verlauf der Woche werden die Worte auf der Karte immer tiefer »einsinken«, und Sie stellen fest, dass sich Ihnen beim wiederholten Lesen des Textes im Buch immer tiefere Bedeutungsschichten erschließen.

Nach ein paar Tagen werden Sie einen Rhythmus finden, der am besten zu Ihrem Tagesablauf passt und Ihnen erlaubt, sich etwas Zeit für Ihre Karte zu nehmen, indem Sie gelegentlich Ihre Tätigkeiten unterbrechen und für wenige Augenblicke ins Zentrum Ihres Gewahrseins eintauchen. Am besten funktioniert es, wenn Sie den Text wie Poesie lesen und sich nicht bemühen, ihn intellektuell zu verstehen oder zu analysieren. Auf diese Weise können die Karten Ihr intuitives, wortloses Verständnis anregen und aktivieren, das als Same bereits vorhanden ist.

Nehmen Sie sich während der Woche, sooft es Ihnen sinnvoll erscheint, ein wenig Zeit für Ihre Karte und lesen Sie besonders kurz vor dem Einschlafen noch einmal den Buchtext. Dadurch kann sich ein tiefes Gefühl von Entspannung und Akzeptanz bei Ihnen einstellen, das Sie während der ganzen Nacht im Schlaf begleitet. Das lässt sich noch verstärken, wenn Sie die Karte neben Ihr Bett legen und morgens gleich nach dem Aufwachen wieder anschauen.

Hier noch ein Hinweis zur »Erinnerungskarte« *Sammasati:* Sie ist in gewisser Weise die wichtigste von allen Karten. Alle anderen zielen auf diese eine, die uns daran erinnern soll, dass unsere wichtigste Aufgabe im Leben darin besteht, aufzuwachen und den inneren Buddha zur Entfaltung zu bringen. Legen Sie diese Karte am besten ganz oben auf den Kartenstapel, und rufen Sie sich jedes Mal, wenn Sie am Wochenanfang eine neue Karte ziehen, die Botschaft der *Sammasati*-Karte wieder in Erinnerung: »Erinnere dich!«

Was ist ein Sutra?

Ein *Sutra* ist eine essenzielle Aussage ohne Erklärungen, ohne Erläuterungen, ohne Ausschmückungen – nur der blanke, nackte Kern. In alter Zeit waren Sutras notwendig, weil die Menschen sich deren Inhalt merken mussten. Solche Aussprüche mussten sehr komprimiert sein, im Telegrammstil; dadurch konnten sie jahrhundertelang in Erinnerung bleiben, weil sie so leichter von einer Generation zur nächsten als Bestandteil des menschlichen Gedächtnisses weitergereicht wurden. Bücher gab es noch keine, das Drucken war noch nicht erfunden. Man musste alles auswendig lernen, und dabei halfen die Sutras. Ein Sutra ist eine Maxime, ein Leitsatz, aber nur der allerwesentlichste Kern. Doch wenn man ihn sich zu merken vermag, kann man ihn jederzeit entschlüsseln.

Und genau das tue ich hier – ich entschlüssele für euch diese Sutras.

Im Osten sind alle großen Schriften in Form von Sutras überliefert. Ein Sutra ist wie gesagt eine auf das Allerwesentlichste reduzierte Aussage – so dünn wie ein Faden, und tatsächlich lautet die Bedeutung des Wortes »*Sutra*« auch »Faden«. Alles Unwesentliche wurde weggelassen; nur die Essenz ist übrig geblieben. Es ist eine Art, die Dinge im Telegrammstil auszudrücken. Das ist der Grund, warum der Osten so viele großartige Kommentare hervorgebracht hat. Im Westen gibt es keine solchen Kommentare, weil im Westen keine Sutras verfasst wurden. Ein Sutra verlangt geradezu nach einem Kommentar.

Im Westen haben Kommentare dieser Art keine solche Rolle gespielt: Niemand schreibt Vergleichbares über Kant, Hegel, Sokrates oder über die Bibel. Das ganze Phänomen der Kommentare ist typisch für den Osten. Und der Grund liegt darin, dass die großen Philosophen des Westens zu einer Zeit auftauchten, als die Schrift schon existierte und es nicht mehr nötig war, alles im Kopf zu behalten; man konnte Abhandlungen schreiben und nach Erfindung des Buchdrucks auch weit verbreiten.

Wenn nun Philosophen wie Kant oder Hegel oder Feuerbach etwas schrieben, dann taten sie das mit sämtlichen Implikationen, Komplexitäten und Bedeutungen, die möglich sind. Sie hatten bereits beim Schreiben im Hinterkopf, wie man ihnen widersprechen könnte und welche Standpunkte man dabei vertreten würde: Sie hatten im Auge, welche Gegenargumente die konträr ausgerichtete Philosophie vorbringen könnte, und nahmen die Antworten darauf schon vorweg, obwohl ihnen noch niemand widersprochen hatte – und ohnehin kaum einer versteht, was sie schrieben. Darum sind ihre Abhandlungen in gewisser Weise sehr umfassend, vollständig und erschöpfend. Sie lassen nichts offen, was andere noch hinzufügen könnten.

Im Osten nahmen die Kommentare aus einem bestimmten historischen Grund ihren Anfang. Sie reichen mindestens zehntausend Jahre zurück – und das ist eine sehr vorsichtige Einschätzung der Geschichte der philosophischen Entwicklung im Osten. Manche meinen sogar, sie sei viel älter als zehntausend Jahre. Sutras enthalten nicht nur das absolute Minimum zum Merken, weil es unmöglich wäre, eine solche Riesenmenge an großartigen philosophischen Abhandlungen im Gedächtnis zu behalten, es bestünde auch die Gefahr, dass man etwas Eigenes hinzufügt. Deshalb waren die Sutras die einzige Möglichkeit: in einer so komprimierten Art zu sprechen, dass jeder Schüler eines Meisters die knappen Merksätze behalten konnte, die wie Samen sind.

Es sind aber nur Samen, und sie weisen den Weg, weisen in eine bestimmte Richtung. Nur wenn das Herz den rechten Nährboden für diese Samen bereitstellt, können sie keimen, und es können aus ihnen Blätter, Zweige, Blüten und Früchte werden. In den Samen ist alles angelegt, was sich später entfalten wird; sie enthalten bereits das ganze fertige Programm. Wenn du einen solchen Samen in dein Sein hineinlässt und er dort tiefer und tiefer sinken kann, wirst du alles erkennen, was darin enthalten ist. Es wird in dir zu einer Realität.

Weil aber die Menschen verschieden sind, weil jeder Einzelne einzigartig ist, stellt nicht jedes Herz den gleichen Boden, das gleiche Terrain, die gleiche Erde bereit. Der Same kann nur so wachsen, wie der Boden es zulässt. Vielleicht hat jemand ein sehr fruchtbares, schöpferisches Herz. Dann kann der Baum riesig und seine Blätter können sehr grün werden, und es wird Tausende von Blüten und Früchten geben.

Das Herz eines Menschen kann aber auch sehr hart sein. Der Same ist der gleiche, doch ein solcher Boden gibt dem Samen nicht viel Unterstützung. Der Same muss dann gegen alle widrigen Umstände, gegen alle Hindernisse wachsen. Dann stellt das Herz keine Unterstützung, sondern im Gegenteil eine Behinderung dar. Es ist so, als wäre der Same auf steiniges Land gefallen. Er wird vielleicht wachsen, aber nicht so, wie wenn er in ein fruchtbares, schöpferisches Herz fällt. Dann wird der Baum vielleicht weniger hoch werden, vielleicht sogar ein bisschen verkrüppelt sein; er wird nicht viele Blätter tragen und nur wenige Blüten hervorbringen.

Aber so einzigartig sind die Menschen beschaffen… Jemand ist ein Dichter, dann wird der Same zu einem Gedicht. Ein anderer ist ein Musiker, dann wird der Same zu Musik. Oder er ist ein Bildhauer, dann wird der Same in Stein gebannte Schönheit. Es hängt davon ab, in was für ein Herz der Same fällt. Es gibt noch viele andere Zusammenhänge.

Es kann sein, dass ein Herz sehr fruchtbar ist und Tausende von Blüten hervorbringt. Ein anderes Herz ist vielleicht nicht so fruchtbar und bringt nicht Tausende von Blüten hervor, sondern nur eine einzige Blüte – eine sehr große, eine riesige Blüte. Aber die tausend Blüten stellen überhaupt keine Konkurrenz dar für diese eine Blüte. Sie mögen ihr zahlenmäßig überlegen sein, doch die Schönheit dieser einen Blüte vereint geradezu die gesammelte Schönheit von Tausenden von Blüten in sich.

Für mich arbeitete einmal ein Gärtner, der viele Jahre bei mir war, als ich noch an der Universität unterrichtete. Ich hatte einen schönen Garten, und den alten Mann wählte ich aus einem bestimmten Grund. Er war zuvor Gärtner bei jemand anderem gewesen, bei einem Armeeoffizier. Und jedes Jahr gewann er den Wettbewerb, weil er die größten Rosen züchtete. Ich ging mir das immer ansehen, denn die ganze Stadt war für diesen Wettbewerb auf den Beinen.

Alle reichen Leute – die Offiziere, Beamten, Professoren, Doktoren, jeder, der sich einen Garten leisten konnte – nahmen daran teil. Mich interessierten aber nicht die Leute, die teilnahmen. Mich interessierte, wer dieser Gärtner war, denn der arme Mann wurde nicht einmal erwähnt, und er war auch nicht anwesend, wenn der Gewinner seine Trophäe erhielt. Sie ging immer an den Besitzer des Gartens. Ich hielt also Ausschau nach dem Rosenzüchter, denn der Armeeoffizier konnte unmöglich selbst der Gärtner sein!

Ich folgte dem Auto des Offiziers. Dann sah ich mich bei seinem Haus um, beobachtete es ein wenig und fand heraus, wo der Gärtner arbeitete. Als der Offizier nach Hause gekommen war, hatte er ihm nicht etwas gesagt wie: »Ich habe die Trophäe deinetwegen gewonnen. Eigentlich gebührt sie dir.« Er war direkt in seine Garage gefahren und von dort ins Haus gegangen.

Ich ging in den Garten. Der Gärtner, ein armer alter Mann, war bei der

Arbeit. Ich fragte ihn: »Hast du schon gehört? Deine Rosen haben dieses Jahr den ersten Preis bekommen.«

Er antwortete: »Hat mir noch keiner gesagt.«

Ich fragte: »Was bekommst du als Lohn von dem Armeeoffizier?«

Er meinte: »Nicht sehr viel.«

Ich sagte: »Von dem, was er dir gibt, gebe ich dir das Doppelte. Du kannst mir später sagen, was er dir gibt. Jetzt hol alles, was dir gehört, und bring es in mein Auto. Du kommst mit mir.«

Und dann konnte ich sehen, wie er es machte, dass er immer gewann. Seine ganze Kunst bestand darin, an keinem Rosenstock je mehr als eine Blüte zuzulassen. Er schnitt immer alle Knospen ab und ließ nur die größte stehen.

Ich fragte ihn: »Worin besteht das Geheimnis?«

Er antwortete: »Das Geheimnis ist ganz einfach. Der Rosenstock hat eine bestimmte Menge Saft. Er kann sich auf hundert Blüten verteilen, aber wenn man nicht zulässt, dass der Saft sich verteilt, dann wird er in einer einzigen Blüte zur Geltung kommen.«

Ich wohnte neun Jahre in dieser Stadt. Neun Jahre hintereinander wurde dieser Gärtner der Gewinner. Und sein Geheimnis war, dass er nur eine einzige Blüte wachsen ließ. Auch dies ist also möglich... Das sind die einzigartigen Unterschiede, von denen ich spreche: Der gleiche Same kann sich in verschiedenen Herzen auf verschiedene Weise manifestieren.

Und so nahmen die Kommentare ihren Anfang. Der Meister stirbt, und Tausende von Schülern hatten ihm zugehört. Nun fingen sie an, sich Gedanken zu machen: Welchen Sinn hat dieser spezielle Satz, dieses spezielle Wort? Im Osten war das schon immer eine sehr subtile Angelegenheit. Nicht so brutal wie die reine Logik, sondern eine sehr subtile, sehr feminine Kunst.

Buddha:

EIN HISTORISCHER WENDEPUNKT

Gautama Buddha war der größte Durchbruch, den die Menschheit bisher erlebt hat. Unsere Zeitrechnung sollte nicht nach Jesus Christus, sie sollte nach Gautama Buddha benannt sein. Wir müssten die Geschichte einteilen in vor Buddha und nach Buddha, aber nicht in vor Christus und nach Christus, denn Christus war kein Durchbruch; er stellt eine Kontinuität dar. Er repräsentiert die Vergangenheit in ihrer ganzen Schönheit und Größe. Jesus symbolisiert die Essenz des gesamten menschlichen Suchens bis zu seiner Zeit. Er trägt das Aroma aller vorangegangenen menschlichen Bemühungen um Gotteserkenntnis – aber er war kein Durchbruch. Im eigentlichen Sinne des Wortes ist Jesus kein Rebell. Buddha ist ein Rebell, obwohl Jesus rebellischer aussieht als Buddha – schon allein deshalb, weil die Rebellion Jesu sichtbar ist, während Buddhas Rebellion unsichtbar bleibt.

Es bedarf tiefer Einsicht, um Buddhas Beitrag zum menschlichen Bewusstsein, zur menschlichen Evolution, zur menschlichen Entwicklung zu verstehen. Hätte es Buddha nicht gegeben, wäre die Menschheit eine andere. Hätte es Jesus oder Krischna nicht gegeben, wären die Menschen trotzdem die gleichen – es würde keinen großen Unterschied machen. Doch ohne Buddha wäre etwas unermesslich Wichtiges verloren. Aber seine Rebellion ist völlig unsichtbar und sehr subtil.

Vor Buddha hatte alles Suchen, alles religiöse Streben sich grundsätzlich an Gott orientiert – einem Gott außerhalb von uns, einem Gott irgendwo da oben im Himmel. Alles religiöse Tun orientierte sich an einem äußeren Objekt des Begehrens, ganz genau wie das weltliche Streben. Den weltlichen Menschen verlangte es nach Geld, Macht, Ansehen, während der geistliche Mensch nach Gott, Himmel, Ewigkeit, Wahrheit strebte. Aber eines hatten sie gemeinsam: Beide suchten sie etwas, was außerhalb von ihnen selbst lag, beide waren extravertiert. Beachtet dieses Wort – es wird euch helfen, Buddha zu verstehen.

Vor Buddha war alle religiöse Suche nicht auf die Innenwelt, sondern auf die Außenwelt konzentriert. Religion beginnt erst da, wo Introversion einsetzt – erst wenn man anfängt, tief ins eigene Innere einzutauchen.

Jahrhundertelang waren die Menschen auf der Suche nach Gott: Wer ist der Schöpfer, der Erbauer des Universums? Und immer noch gibt es viele, die die gleichen Fragen stellen wie vor Buddhas Zeiten: Wer ist der Schöpfer der Welt? Wann hat er die Welt erschaffen? Und es gibt ein paar Dumme, die sogar den genauen Tag festgelegt haben, als Gott die Welt erschuf, das genaue Datum und das Jahr! Da sind christliche Theologen, die meinen, Gott habe exakt 4004 Jahre vor Jesus Christus – an einem Montag, dem 1. Januar – die Welt erschaffen. Oder zumindest habe er damit angefangen und den Job dann in sechs Tagen erledigt! Daran stimmt nur eines: Er muss den Job in sechs Tagen erledigt haben, denn ihr könnt ja sehen, in welchem Chaos sich die Welt befindet. Es ist ein Sechstagejob! Und danach hat er nie wieder etwas von sich hören lassen… Am siebten Tage ruhte er, und seither ruht er sich wohl aus…

Vielleicht hat Friedrich Nietzsche Recht, und Gott ruht gar nicht – er ist tot! Jedenfalls hat er sich nie wieder blicken lassen. Was passierte dann mit seiner Schöpfung? Er scheint sie völlig vergessen zu haben. Aber die Christen sagen: »Nein, er hat sie nicht vergessen. Seht doch! Er sandte Jesus Christus, seinen eingeborenen Sohn, um die Welt zu retten. Er ist immer noch interessiert.« Das ist der einzige Hinweis, dass er, wie die Christen sagen, immer noch interessiert sei – indem er Jesus Christus sandte… Aber die Welt ist nicht gerettet worden. Wenn das Gottes Absicht war, als er Jesus Christus auf die Welt sandte, dann hat Jesus versagt, und nicht nur Jesus, auch Gott hat versagt, denn die Welt ist noch genauso wie vorher! Und was für ein Interesse soll das sein, wenn sein Bote gekreuzigt wird und er nichts dagegen unternimmt?

Immer noch leben viele Menschen mit dieser Weltsicht aus Vor-Buddha-Zeiten.

Buddha veränderte die ganze religiöse Dimension; er gab ihr eine großartige Wendung. Er stellte *echte* Fragen. Er war kein Metaphysiker, er stellte nie eine metaphysische Frage; für ihn war die ganze Metaphysik Unsinn. Er war der erste Psychologe, den die Welt kannte, denn er baute seine Religion nicht auf einer Philosophie auf, sondern auf der Psychologie. In ihrem ursprünglichen Sinne bedeutet Psychologie die Wissenschaft von der Seele, die Wissenschaft des Inneren. Buddha fragte nicht: Wer hat die Welt erschaffen? Er fragte: Warum bin ich hier? Wer bin ich? Wer erschafft mich? Und es ist keine Frage über die Vergangenheit: Wer hat mich erschaffen? Wir werden ununterbrochen erschaffen. Unser Leben ist nicht wie ein Ding, das ein für alle Mal gemacht wurde; es ist kein Objekt. Das Leben ist ein wachsendes Phänomen, ein dahinströmender Fluss. In jedem Augenblick fließt er durch neues Terrain. »Wer erschafft dieses Leben, diese Energie, diesen Geist, diesen Körper, dieses Bewusstsein, das ich bin?« Seine Fragestellung ist eine andere. Er transformiert die Religion von der Extraversion zur Introversion.

Die extravertierte Religion betet zu Gott; die introvertierte Religion meditiert. Gebet ist nach außen an einen unsichtbaren Gott gerichtet. Er mag da sein oder auch nicht – man kann sich seiner nie sicher sein. Es bleibt immer ein Zweifel bestehen. Darum hat jedes Gebet seine Wurzel irgendwo im Zweifel, in Angst, Unsicherheit, Habgier.

Meditation hat ihre Wurzel in der Furchtlosigkeit, in der Begierdelosigkeit. Meditation ist kein Betteln, um von jemandem etwas zu bekommen. Sie ist an niemanden adressiert. Meditation ist ein Zustand innerer Stille. Gebet ist Lärm: Man redet immer noch, spricht mit einem Gott, der vielleicht gar nicht existiert. Dann ist es verrückt, neurotisch; man benimmt sich wie ein Irrer. Verrückte reden ununterbrochen; es ist ihnen egal, ob einer da ist, der ihnen zuhört, oder nicht. Das ist ein sicheres Zeichen dafür, dass sie verrückt sind; sie bilden sich ein, jemand sei da. Nicht nur das, sie können den anderen fast sehen. Sie haben eine starke Phantasie, ein enormes Vorstellungsvermögen. Sie sind imstande, Schatten in Substanz zu verwandeln, Phantasie in Wirklichkeit, Fiktion in Fakten. Es scheint, als wären sie in einen Monolog verwickelt, aber für sie selbst ist es ein Dialog. Man kann nicht sehen, wer noch anwesend sein soll, denn sie sind allein; aber für sie ist noch jemand da.

Deshalb ist auch die Psychoanalyse sehr argwöhnisch, was Religion angeht, weil ein religiöser Mensch sich aus ihrer Sicht wie ein Neurotiker verhält. Und es gibt eine Menge Psychoanalytiker, die denken, Religion sei nichts weiter als eine Massenneurose – und damit haben sie gar nicht mal so Unrecht. Die extravertierte Religion ist eine Massenneurose.

Aber die Psychoanalytiker haben Buddha noch nicht entdeckt. Buddha könnte ihnen ein neues Verständnis von Religion, von wahrer Religion, geben. Da gibt es kein Gebet, keinen Gott. Meditation ist kein Dialog, noch nicht einmal ein Monolog. Meditation ist reine Stille.

Die Leute fragen mich: »Worauf soll man denn meditieren?« Das ist die falsche Frage, aber ich kann verstehen, warum so gefragt wird. Diese Menschen haben innerhalb der Gebetsreligionen gelebt, und das Gebet braucht jemanden, zu dem gebetet wird. Beten braucht ein Objekt der Anbetung; Beten bedeutet Abhängigkeit.

Der Meditierende hingegen braucht kein Objekt. Meditation bedeutet nicht, *über* etwas zu meditieren. Das Wort »Meditation« erweckt einen falschen Eindruck; in unserer Sprache gibt es kein Wort, um das buddhistische Wort *dhyana* zu übersetzen. Im Grunde gibt es in keiner anderen Sprache der Welt ein Wort, das tatsächlich gleichbedeutend wäre mit *dhyana*. Als der Buddhismus nach China kam, konnte dieses Wort nicht ins Chinesische übersetzt werden, und aus *dhyana* wurde *ch'an* – das ist das gleiche Wort. Das Sanskritwort lautet *dhyana*, aber Buddha verwendete eine andere Sprache, Pali, die von den Menschen, unter denen er lebte, verstanden wurde. In Pali wurde aus *dhyana* der Begriff *jhana*, aus *jhana* wurde chinesisch *ch'an*, und aus *ch'an* wurde das japanische Wort *zen*. Im Chinesischen gab es keine Entsprechung, ebenso nicht im Japanischen. Tatsächlich gibt es in keiner anderen Sprache ein Äquivalent, weil keine andere Sprache einen Menschen wie Buddha hervorgebracht hat. Und ohne einen Buddha kann es diese neue Bedeutung, diese neue Vision, diese neue Dimension nicht geben.

Im Englischen und Deutschen hat »Meditation« die Bedeutung, *über* etwas zu meditieren, nachzusinnen, doch das ist dann Denken, bestenfalls Kontemplation – aber nicht Meditation. Meditation bedeutet, meditativ zu *sein* – still, friedlich, ohne Gedanken im Kopf, inhaltloses Bewusstsein. Das ist die wahre Bedeutung von Meditation: reines Bewusstsein, ein Spiegel, der nichts reflektiert. Wenn der Spiegel nichts reflektiert, ist es Meditation.

Buddha hat der ganzen religiösen Suche eine Wendung vom Metaphysischen hin zur Psychologie gegeben, indem er fragt: Was sind die Ursachen für mein Leben und meinen Tod? Ihm geht es nicht um das Universum. Er sagt: Wir müssen am Anfang beginnen, und wenn irgendetwas wirklich Bedeutung im Leben haben soll, muss es bei *mir* selbst anfangen: Wer bin ich und warum bin ich? Welche Ursachen sind es, die mich ständig erschaffen?

Die Buddhastatue

EINE MATRIX DES INNEREN

Die Seher des alten Ostens haben sehr nachdrücklich darauf hingewiesen, dass der Ursprung aller großen Künste – Musik, Dichtung, Tanz, Malerei, Bildhauerei – in der Meditation liegt. Sie sind der Versuch, das Unkennbare irgendwie in die Welt des Bekannten zu bringen – einfach als Geschenk für all jene, die zur Pilgerschaft noch nicht bereit sind. Vielleicht vermag ein Lied die Sehnsucht zu wecken, sich auf die Suche nach dem Ursprung zu machen, oder vielleicht eine Statue.

Wenn du einmal Gelegenheit hast, einen Tempel von Gautama Buddha oder dem Dschaina-Meister Mahavira zu besuchen, dann setze dich still hin und betrachte die Statue. Die Statue ist nämlich in einer Art und Weise gemacht, mit solchen Proportionen, dass man bei ihrer Betrachtung ins Schweigen fällt. Es ist eine Statue der Meditation; es geht gar nicht um Gautama Buddha oder Mahavira.

Deshalb sehen auch alle diese Statuen gleich aus – ob Mahavira, Gautama Buddha, Neminatha, Adinatha, alle 24 Meister der Dschainas… In ein und demselben Tempel findet man 24 Statuen, die alle gleich aussehen, total gleich. In meiner Kindheit fragte ich meinen Vater: »Kannst du mir erklären, wie es möglich ist, dass 24 Leute genau gleich aussehen? – Die gleiche Größe, die gleiche Nase, das gleiche Gesicht, der gleiche Körper…?«

Und er sagte immer: »Ich weiß auch nicht. Ich wundere mich immer selbst, dass da nicht die Spur von einem Unterschied ist. Davon hat man noch nie gehört; nicht zwei Menschen auf der ganzen Welt gibt es, die genau gleich aussehen! Und dann 24!« Doch als meine Meditation zur Blüte gelangte, erhielt ich die Antwort. Nicht von jemand anderem, in mir selbst fand ich die Antwort: Die Statuen haben nichts mit den verschiedenen Menschen zu tun. Sie haben etwas damit zu tun, was mit diesen 24 Menschen innerlich geschah – und das war exakt das Gleiche.

Dabei ist das Äußere unwichtig. Im Osten haben wir Wert darauf gelegt, nur dem Inneren Beachtung zu schenken. Ob jemand jung oder alt, schwarz oder weiß, Mann oder Frau ist – das spielt alles keine Rolle. Das Einzige, was zählt, ist, ob im Innern ein Ozean der Stille ist. In diesem ozeanischen Zustand nimmt der Körper eine bestimmte Haltung ein.

Sicher hast du es schon an dir selbst beobachtet, aber nicht darauf geachtet. Hast du bemerkt: Wenn du wütend wirst, nimmt der Körper eine bestimmte Haltung ein. In diesem Zustand kann man nicht die Hände offen lassen; im Zorn macht man eine Faust. Im Zorn kannst du nicht lächeln – oder? Bei einer bestimmten Emotion muss der Körper eine bestimmte Haltung einnehmen. Solche kleinen Dinge haben einen tiefen inneren Zusammenhang.

Diese Statuen sind so hergestellt, dass du, wenn du einfach dasitzt und sie betrachtest und dann die Augen schließt, ein negatives Schattenbild in dir aufnimmst. Dann beginnst du, etwas zu fühlen, was du noch nie zuvor gefühlt hast. Diese Statuen und Tempel wurden nicht zur Anbetung errichtet. Man hat sie für experimentelle Erfahrungen erbaut, als wissenschaftliche Labors. Sie haben gar nichts mit Religion zu tun. Es ist eine gewisse geheime Wissenschaft, die seit Jahrhunderten angewandt wird, um kommenden Generationen den Kontakt mit den Erfahrungen der älteren Generationen zu ermöglichen – nicht durch Bücher, nicht durch Worte, sondern durch etwas, was viel tiefer geht: durch Stille, durch Meditation, durch Frieden.

Ursprung der Sutras
Das Dhammapada

Diese Aussprüche Buddhas sind unter dem Namen *Dhammapada* bekannt. Den Namen muss man verstehen. *Dhamma* kann vieles bedeuten. Zunächst bedeutet es das höchste Gesetz, *logos*. Mit dem »höchsten Gesetz« ist das gemeint, was das ganze Universum zusammenhält. So unsichtbar es ist, so ungreifbar es ist – zweifellos *existiert* es, denn sonst würde das Universum auseinander fallen. Ein so unermessliches, unendliches Universum, das dermaßen reibungslos und harmonisch funktioniert, ist ein ausreichender Beweis dafür, dass es eine unsichtbare Kraft geben muss, die alles miteinander verbindet, alles miteinander verknüpft, alles überbrückt – denn wir sind keine Inseln, und selbst der kleinste Grashalm ist mit dem größten Stern verbunden. Wenn man einen kleinen Grashalm zerstört, zerstört man etwas, das von immensem Wert für die Existenz an sich ist.

In der Existenz gibt es keine Hierarchie, es gibt nichts Kleines und nichts Großes. Der größte Stern und der kleinste Grashalm existieren beide als gleichwertig. Daraus ergibt sich eine andere Bedeutung des Wortes *dhamma*. Diese andere Bedeutung ist »Gerechtigkeit«, Gleichheit, nichthierarchisches Dasein. Die Existenz ist absolut kommunistisch; sie kennt keine Klassenunterschiede – alles ist eins. Daraus folgt die zweite Bedeutung des Wortes *dhamma* – »Gerechtigkeit«.

Und die dritte Bedeutung ist »Rechtschaffenheit, Tugend«. Die Existenz ist sehr tugendhaft. Selbst wenn du etwas findest, was du nicht als

Tugend bezeichnen würdest, muss ein Missverständnis von deiner Seite vorliegen; ansonsten ist die Existenz absolut tugendhaft. Was auch immer hier geschieht, ist richtig. Es geschieht nie etwas Falsches. Es mag dir falsch erscheinen, weil du eine bestimmte Vorstellung von Richtig hast, aber wenn du ohne Vorurteil hinschaust, ist nichts falsch – alles ist richtig. Geburt ist richtig, Tod ist richtig, Schönheit ist richtig und Hässlichkeit ist richtig.

Doch unser Verstand ist zu klein, unser Begriffsvermögen ist beschränkt. Wir können nicht das Ganze sehen, wir sehen immer nur einen kleinen Ausschnitt. Wir sind wie jemand, der sich hinter einer Tür verbirgt und durch das Schlüsselloch auf die Straße schaut. Er sieht alle möglichen Dinge… Ja, da bewegt sich etwas, plötzlich fährt ein Auto vorbei. In einem Moment war es noch nicht da, im nächsten Moment ist es da, und einen Moment später ist es für immer verschwunden. Genauso nehmen wir die Existenz wahr. Wir sagen, dass etwas in der Zukunft liegt, dann kommt es in die Gegenwart, und dann verschwindet es in der Vergangenheit. Aber tatsächlich ist die Zeit eine Erfindung des Menschen. Es ist immer *jetzt*! Die Existenz kennt weder Vergangenheit noch Zukunft – sie kennt nur die Gegenwart.

Doch wir sitzen hinterm Schlüsselloch und gucken. Jemand ist noch nicht da, dann taucht er plötzlich auf, und genauso plötzlich, wie er aufgetaucht ist, verschwindet er wieder. Jetzt müssen wir die Zeit erfinden. Bevor diese Person auftauchte, war sie in der Zukunft. Sie war da, aber für uns war sie in der Zukunft. Dann taucht sie auf – jetzt ist sie in der Gegenwart. Aber die Person ist immer gleich! Und wenn wir sie nicht mehr durch unser kleines Schlüsselloch sehen können, dann ist sie für uns zur Vergangenheit geworden. Doch nichts ist vergangen, nichts ist zukünftig – alles ist immer gegenwärtig. Nur unsere Art zu sehen ist sehr beschränkt.

Darum fragen wir uns immer wieder, warum es so viel Elend gibt auf dieser Welt, warum dieses und jenes geschieht... warum? Wenn wir das Ganze sehen könnten, würden alle diese »Warums?« verschwinden. Um das Ganze zu sehen, musst du aus deinem Zimmer herauskommen, deine Tür öffnen... du musst diese Schlüssellochperspektive aufgeben.

Das ist der Verstand: ein Schlüsselloch, und zwar ein ziemlich kleines. Was sind unsere Augen, Ohren, Hände im Vergleich zu diesem unendlichen Universum? Was können wir erfassen? Nichts von größerer Bedeutung. Und diese winzigen Ausschnitte der Wahrheit – wir identifizieren uns allzu sehr damit! Wenn du das Ganze sehen kannst, ist alles, wie es sein sollte – das ist die Bedeutung der Worte »Alles ist richtig«. Etwas Falsches existiert nicht. Nur »Gott« existiert. Der »Teufel« ist eine Schöpfung des Menschen.

Die dritte Bedeutung von *dhamma* kann auch »Gott« sein – nur verwendet Buddha nie das Wort »Gott«, weil es fälschlicherweise mit der Vorstellung einer Person assoziiert wurde; das Gesetz ist aber eine Präsenz und keine Person. Darum verwendet Buddha nie das Wort »Gott«, aber jedes Mal, wenn er etwas über Gott mitteilen will, verwendet er dieses Wort *dhamma*. Er hat den Verstand eines sehr tief schürfenden Wissenschaftlers, deshalb haben viele ihn für einen Atheisten gehalten, was er aber nicht ist. Er ist der größte Theist, den die Welt je gekannt hat oder je kennen wird – aber er spricht nie von Gott. Er verwendet nie dieses Wort, das ist alles, aber mit *dhamma* meint er genau dasselbe. »Das, was ist« – das ist die Bedeutung des Wortes »Gott«, und genau das ist auch die Bedeutung von *dhamma*.

Dhamma bedeutet ebenso »Disziplin« – noch eine andere Dimension dieses Wortes. Jemand, der die Wahrheit erkennen will, muss sich auf mancherlei Art disziplinieren. Vergesst nicht die Bedeutung des Wortes »Disziplin«: Es ist einfach die Fähigkeit, zu lernen, die Offenheit, zu lernen, die Empfänglichkeit, zu lernen. Daher kommt das englische Wort *disciple* (»Schüler, Jünger«). Ein *disciple* ist jemand, der bereit ist, seine alten Vorurteile fallen zu lassen, seinen Verstand beiseite zu lassen und sich eine Sache ohne jedes Vorurteil, ohne vorgefasste Meinung anzuschauen.

Und letztendlich bedeutet *dhamma* auch die »höchste Wahrheit«. Wenn das Denken verschwunden ist, wenn das Ego fort ist, was bleibt dann übrig? Mit Sicherheit bleibt etwas übrig, aber man kann es nicht das »Etwas« nennen – daher nennt Buddha es das »Nichts«. Damit du ihn aber nicht missverstehst, lass mich dir sagen: Immer wenn Buddha das Wort »Nichts« (engl. *nothing*) verwendet, meint er damit »kein Ding« (*no thing*). Das höchste Gesetz ist kein Gegenstand. Es ist kein Objekt, das du beobachten kannst. Es ist deine Innerlichkeit, deine Subjektivität.

Buddha wäre sich mit dem dänischen Denker Søren Kierkegaard vollkommen einig gewesen, der sagt: »Wahrheit ist Subjektivität.« Darin besteht der Unterschied zwischen einem Fakt und der Wahrheit: Ein Fakt ist etwas Objektives. Die Naturwissenschaft forscht ständig nach mehr und mehr Fakten, aber die Wissenschaft wird nie bei der Wahrheit ankommen – das kann sie nicht, schon aufgrund der Definition dieses Wortes. Die Wahrheit, das ist die Innerlichkeit des Wissenschaftlers, die er aber nie anschaut. Er beobachtet ständig andere Dinge; sein eigenes Sein wird ihm nie bewusst.

Das ist also die letzte Bedeutung von *dhamma*: deine Innerlichkeit, deine Subjektivität, deine Wahrheit.

Noch etwas sehr Bedeutsames – lass es tief in dein Herz sinken: Die Wahrheit ist nie eine Theorie, eine Hypothese; sie ist immer eine Erfahrung. Darum kann meine Wahrheit nicht deine Wahrheit sein. Meine Wahrheit ist unausweichlich *meine* Wahrheit; sie ist und bleibt meine

Wahrheit, sie kann niemals deine sein. Wir können sie nicht miteinander teilen. Die Wahrheit ist unteilbar, unübertragbar, unkommunizierbar, unausdrückbar.

Ich kann dir erklären, wie ich zu ihr gelangt bin, aber ich kann nicht sagen, was es ist. Das »Wie« ist erklärbar, aber nicht das »Warum«. Die Disziplin kann gezeigt werden, aber nicht das Ziel. Jeder muss auf seinem eigenen Weg dorthin gelangen. Jeder muss in seinem eigenen inneren Wesen dahin kommen. In absolutem Alleinsein offenbart es sich.

Und das zweite Wort ist *pada*. *Pada* hat ebenfalls viele Bedeutungen. Eine, die wesentlichste, ist »Pfad«. Religion hat zwei Dimensionen – die Dimension des »Was« und die Dimension des »Wie«. Über das »Was« kann man nichts sagen, das ist unmöglich. Doch über das »Wie« kann man etwas sagen, das »Wie« lässt sich mitteilen. Das ist die Bedeutung von »Pfad«. Ich kann dir den Pfad weisen, ich kann dir zeigen, wie ich gewandert bin, um die sonnenbeschienenen Gipfel zu erreichen. Ich kann dir Hinweise über die ganze Geographie, die ganze Topographie geben. Ich kann dir eine Reliefkarte geben, aber ich kann dir nicht sagen, wie es sich anfühlt, auf dem sonnenerhellten Gipfel zu stehen.

Das wäre so, als würdest du Edmund Hillary oder Tensing fragen, wie sie den höchsten Gipfel des Himalaja, den Gourishankar (Mount Everest), erreicht haben. Sie könnten dir die ganze Strecke erklären, wie sie hingekommen sind. Aber wenn du sie fragst, was sie dabei empfunden haben, als sie das Ziel erreichten, werden sie nur die Schultern zucken. Das Gefühl der Freiheit, das sie erlebt haben müssen, lässt sich nicht ausdrücken. Diese Schönheit, diese ganze Pracht, dieser unendliche Himmel, die Höhe, die Farben der Wolken, die Sonne und die unverschmutzte Luft, der jungfräuliche Schnee, den noch niemand vorher berührt hatte… Das alles lässt sich unmöglich mitteilen. Man muss die sonnenüberstrahlten Gipfel selbst erreichen, um das zu erfahren.

Pada bedeutet »Pfad«, aber auch »Schritt, Fuß, Grundlage«. Alle diese Bedeutungen sind wichtig. Du musst von dort ausgehen, wo du bist. Du musst zu einem Wachstumsprozess werden, zu einer Entwicklung. Die Menschen sind zu stagnierenden Tümpeln geworden; sie müssen wieder zu Flüssen werden, denn nur ein Fluss erreicht das Meer. Und außerdem bedeutet es »Grundlage«, weil es die grundlegende Wahrheit des Lebens ist. Ohne *dhamma*, ohne irgendeinen Bezug auf die höchste Wahrheit, hat dein Leben keine Grundlage, keinen Sinn, keine Bedeutung, kann es keinen Glanz haben. Es bleibt ein sinnloses Unterfangen. Wenn du nicht mit dem Ganzen verbunden bist, kannst du keine eigene Bedeutung erlangen. Du bist wie Treibholz – auf Gnade und Ungnade den Winden ausgesetzt, ohne zu wissen, wohin du gehst und wer du bist. Die Suche nach der Wahrheit, das leidenschaftliche Streben nach der Wahrheit stellt die Verbindung her; es gibt dir eine Grundlage.

Diese Sutras, die im *Dhammapada* zusammengetragen wurden, sind intellektuell nicht zu verstehen, nur existenziell. Du musst sie wie ein Schwamm in dir aufnehmen und in dich einsinken lassen. Du solltest nicht dasitzen und darüber urteilen, sonst wirst du den Buddha verfehlen. Du solltest nicht dasitzen mit einem ständig plappernden Verstand, der überlegt, ob es richtig oder falsch ist, sonst verpasst du das Wesentliche. Kümmere dich nicht darum, ob es richtig oder falsch ist.

Grundlegend ist zuerst, Buddha zu verstehen, genau zu verstehen, was er sagt, was er zu sagen versucht. Man muss es nicht gleich beurteilen. Als Erstes ist es grundlegend notwendig, genau zu erfassen, was er meint. Und das Schöne ist, wenn du genau verstehst, was er meint, wird dich seine Wahrheit überzeugen, du wirst die Wahrheit darin erkennen. Die Wahrheit hat ihre eigenen Wege, Menschen zu überzeugen; sie bedarf keiner weiteren Beweise. Die Wahrheit argumentiert nie. Sie ist eine Melodie und keine logische Schlussfolgerung.

Die Karten

1) ER IST ACHTSAM, ER IST KLAR

Der Narr schläft, als wäre er schon tot,
doch der Meister ist wach, und er lebt ewig.
Er ist achtsam. Er ist klar.

Bewusstheit ist ewig, sie kennt keinen Tod. Nur Unbewusstheit stirbt. Wenn du also unbewusst bleibst wie im Schlaf, wirst du wieder sterben müssen. Wenn du dieses ganze Leiden des Immer-wieder-geboren-Werdens-und-sterben-Müssens loswerden willst, wenn du den Kreislauf von Geburt und Tod loswerden willst, musst du absolut wach werden. Du musst zu immer höherem Bewusstsein aufsteigen.

Und diese Dinge dürfen nicht bloß auf intellektueller Ebene verstanden werden; sie müssen zu einer Erfahrung werden, sie müssen existenziell werden. Ich sage euch das nicht, um euch philosophisch zu überzeugen, denn eine philosophische Überzeugung bringt gar nichts, keine Ernte. Die wahre Ernte stellt sich nur ein, wenn du große Anstrengungen unternimmst, um dich aufzuwecken.

Solche intellektuellen Wegweiser können jedoch einen Wunsch, eine Sehnsucht in dir erwecken, sie können dir dein Potenzial, das Mögliche, bewusst machen, sie können dir vergegenwärtigen, dass du nicht das bist, was du zu sein scheinst – du bist viel mehr.

Der Narr schläft, als wäre er schon tot, doch der Meister ist wach, und er lebt ewig. Er ist achtsam. Er ist klar.

Einfache und schöne Sätze. Die Wahrheit ist immer einfach und immer schön. Sieh nur die Einfachheit dieser beiden Sätze… doch wie viel sie enthalten! Welten über Welten, unendliche Welten: *Er ist achtsam. Er ist klar.*

Das Einzige, was es zu lernen gibt, ist Achtsamkeit. Sei achtsam! Sei achtsam bei jeder Handlung, die du tust. Sei achtsam bei jedem Gedanken, der dir durch den Kopf geht. Sei achtsam bei jedem Wunsch, der von dir Besitz ergreift. Sei achtsam selbst bei kleinen Gesten – beim Gehen, Reden, Essen, Baden. Sei ständig achtsam, bei allem. Nimm alles als eine Gelegenheit, um achtsam zu sein.

2) BEHENDE WIE DAS RENNPFERD

Achtsam unter den Achtlosen,
wach, während andere träumen,
behende wie das Rennpferd
überholt er das ganze Feld.

Der Schlaf muss unterbrochen werden; und wenn der Schlaf unterbrochen wird, ist da niemand, der wach ist – nur Erwachen. Niemand, der erleuchtet ist – nur Erleuchtung. Ein Erleuchteter kann nicht »Ich« sagen; selbst wenn er dieses Wort gebrauchen muss, ist es nur eine sprachliche Konvention, eine gesellschaftliche Notwendigkeit. Ansonsten ist da kein Gefühl mehr vom »Ich«.

Die Welt der Dinge verschwindet – und was geschieht dann? Wenn die Welt der Dinge verschwindet, fällt das Anhaften an ihnen weg, die Fixierung auf sie fällt weg. Die Gegenstände selbst verschwinden nicht, im

Gegenteil: Zum ersten Mal erscheinen die Dinge genau so, wie sie sind. Dann hältst du nicht mehr wie besessen daran fest. Dann färbst du die Wirklichkeit nicht mehr durch deine eigenen Wünsche, deine Hoffnungen und Frustrationen. Dann ist die Welt nicht mehr eine Projektionsfläche für dein Begehren. Wenn das Begehren wegfällt, ist die Welt noch da, aber es ist eine völlig andere Welt. Sie ist so neu, so bunt, so schön! Aber ein Verstand, der an den Dingen hängt, kann das nicht sehen, weil die Augen durch das Anhaften verschlossen sind.

Eine völlig neue Welt tut sich auf, wenn der Verstand wegfällt, wenn die Gedanken wegfallen. Es ist nicht so, dass du gedankenlos, achtlos wirst – im Gegenteil, du wirst achtsam. Buddha verwendet ständig diesen Begriff »rechte Achtsamkeit«. Wenn der Verstand wegfällt und die Gedanken wegfallen, wirst du *achtsam*. Du tust alles Mögliche – du bewegst dich, du arbeitest, du isst, du schläfst, aber du bist immer *achtsam*. Der Verstand ist nicht da, aber *Achtsamkeit* ist da. Was ist Achtsamkeit? Es ist Bewusstheit, vollkommene Bewusstheit.

3) DIE STREUNENDEN GEDANKEN

So wie der Pfeilmacher seine Pfeile
schnitzt und begradigt,
so lenkt der Meister
seine streunenden Gedanken.

Es gibt ein berühmtes tibetisches Gleichnis: Ein Mann diente einem Meister schon viele, viele Jahre. Sein Dienen war aber nicht rein, es steckte eine Absicht dahinter. Er wollte dem Meister ein Geheimnis entlocken. Er hatte gehört, der Meister habe ein Geheimnis – das Geheimnis, Wunder zu wirken. Mit diesem heimlichen Wunsch diente der Mann dem Meister tagein, tagaus. Er hatte Angst, etwas von seiner Absicht zu sagen, doch der Meister beobachtete ihn ständig.

Eines Tages fragte ihn der Meister: »Es ist besser, wenn du mir bitte sagst, was du im Sinn hast, denn ich kann stets eine Absicht sehen bei all den Diensten, die du für mich tust. Es geschieht nicht aus Liebe, gewiss nicht aus Liebe. Ich kann darin keine Liebe und auch keine Demut erkennen. Es ist eine Art Kuhhandel. Also bitte, sag mir einfach: Was willst du?«

Auf eine solche Gelegenheit hatte der Mann nur gewartet. Er sagte: »Ich will das Geheimnis erfahren, wie man Wunder wirkt.«

Der Meister sagte: »Wofür hast du denn so lange deine Zeit verschwendet? Du hättest es mir gleich am ersten Tag, als du gekommen warst, sagen können. Du hast dich gequält, und auch mich hast du gequält, denn ich mag keine Leute um mich haben, die irgendwelche Absichten verfolgen. Sie sind so hässlich anzusehen. Sie sind von Grund auf gierig, und diese Gier macht sie hässlich. Das Geheimnis ist ganz einfach – warum hast du mich nicht am ersten Tag gefragt? Hier ist das Geheimnis...«

Er schrieb ein kleines Mantra auf ein Stück Papier, nur drei Zeilen: *Buddham sharanam gachchhami. Sangham sharanam gachchhami. Dhammam sharanam gachchhami.* Das bedeutet: »Ich verneige mich vor dem Buddha, ich verneige mich vor der Gemeinschaft des Buddha, ich verneige mich vor dem höchsten Gesetz, dem *dhamma.*«

Und der Meister sagte zu dem Mann: »Dieses kleine Mantra nimmst du mit, und du sagst es fünfmal auf – nur fünfmal. Es ist ein einfacher Vorgang. Du musst dich nur an eine Bedingung halten, während du es aufsagst. Zuerst nimmst du ein Bad, dann schließt du die Tür und setzt dich still hin – und dann sagst du es fünfmal auf, aber du darfst dabei nicht an Affen denken!«

Der Mann sagte: »Was redest du für einen Unsinn? Warum sollte ich überhaupt an Affen denken? Ich habe mich in meinem ganzen Leben nie um Affen gekümmert!«

Der Meister sagte: »Das ist deine Sache. Ich muss dir nur die Bedingung sagen. So habe ich dieses Mantra bekommen, mit dieser Bedingung. Wenn du noch nie an Affen gedacht hast, schön und gut. Jetzt geh nach Hause, und komm bitte nie wieder. Du hast jetzt das Geheimnis, du kennst die Bedingung. Wenn du die Bedingung erfüllst, wirst du Wunderkräfte besitzen, und dann kannst du alles tun, was du willst. Dann kannst du am Himmel fliegen, kannst die Gedanken der Menschen lesen, kannst Dinge materialisieren – und so weiter, und so fort.«

Der Mann eilte nach Hause. Er vergaß sogar, dem Meister zu danken. So ist die Gier, sie kennt keinen Dank, sie kennt keine Dankbarkeit. Die Gier hat keine Ahnung von Dankbarkeit; sie ist ihr nie begegnet. Die Gier ist ein Dieb, und Diebe bedanken sich nicht.

Der Mann eilte davon, aber bald begann er sich sehr zu wundern. Schon auf dem Heimweg tauchten in seinem Kopf Affen auf. Er sah viele Arten von Affen, und er war sehr verwundert: »Was ist denn nur los?« Und in der Tat, er konnte an nichts anderes mehr denken als an Affen. Und sie wurden größer und größer und drängten sich um ihn.

Er ging nach Hause und nahm ein Bad, aber die Affen gingen nicht weg. Da begann es, ihm zu dämmern, dass sie auch nicht weggehen würden, wenn er das Mantra rezitierte. Dabei hatte er noch gar nicht angefangen, das Mantra zu rezitieren, er war noch bei den Vorbereitungen! Und als er die Türen hinter sich schloss, war das ganze Zimmer voller Affen. Es war so gedrängt voll, dass er selbst kaum Platz hatte. Er machte die Augen zu, und da waren Affen. Er öffnete die Augen, und da waren Affen. Er konnte nicht fassen, was geschah. Die ganze Nacht lang versuchte er es. Er nahm immer wieder ein Bad und probierte es immer wieder aufs Neue, doch er scheiterte, scheiterte kläglich.

Am Morgen ging er zum Meister und sagte: »Du kannst das Mantra behalten. Es treibt mich in den Wahnsinn! Ich bin nicht mehr interessiert an Wundern, aber bitte hilf mir, die Affen loszuwerden!«

Einen einzelnen Gedanken loszuwerden, ist völlig unmöglich! Und wenn du ihn loswerden willst, wird es sogar noch schwieriger. Denn wenn du einen Gedanken loswerden willst, taucht die Frage auf – und das ist ein kritischer Moment –: »Wer ist hier der Herr und Meister, dein Verstand oder du?« Und dein Verstand wird auf jede erdenkliche Weise versuchen, dir zu beweisen, dass *er* der Herr und Meister ist und *nicht* du.

Seit Jahrhunderten ist der Herr schon ein Sklave, und seit Millionen von Leben ist der Sklave schon der Herr. Jetzt kann der Sklave alle seine Privilegien und Vorlieben nicht so leicht aufgeben. Er wird dir großen Widerstand leisten.

Probiere es selbst! Nimm heute ein Bad, schließ die Türen und rezitiere dieses einfache Mantra: *Buddham sharanam gachchhami. Sangham sharanam gachchhami. Dhammam sharanam gachchhami* – aber lass bloß die Affen nicht rein! Du lachst über diesen armen Menschen. Du wirst dich wundern – dieser Mensch bist du.

4) NUR LIEBE VERTREIBT DEN HASS

In dieser Welt wurde Hass
noch nie durch Hass vertrieben.
Nur Liebe vertreibt den Hass.
Dies ist das Gesetz,
uralt und unerschöpflich.

Eine Sache von tiefer Bedeutung: Hass existiert nur in Vergangenheit und Zukunft. Liebe braucht keine Vergangenheit, keine Zukunft. Liebe existiert in der Gegenwart. Hass hat einen Bezug zur Vergangenheit: Jemand hat dich gestern beleidigt, und nun trägst du es wie eine Wunde; es hängt dir nach. Oder du befürchtest, jemand könnte dich morgen beleidigen – eine Angst, ein Anflug von Angst, und schon bist du bereit; du machst dich bereit zu einer Konfrontation.

Hass existiert in der Vergangenheit und in der Zukunft. In der Gegenwart kannst du nicht hassen – probiere es mal, und du wirst deine Ohnmacht erleben. Probiere es gleich heute: Setz dich still hin und hasse jemanden in der Gegenwart, ohne Bezug zu Vergangenheit oder Zukunft – es wird dir nicht gelingen! Es ist unmöglich; es liegt nicht in der Natur der Dinge. Hass kann nur existieren, wenn du eine Erinnerung an die Vergangenheit hast: Dieser Mensch hat dir gestern etwas angetan – dann ist Hass möglich. Oder dieser Mensch wird dir morgen etwas antun – auch dann ist Hass möglich. Aber wenn du nicht Bezug nimmst auf die Vergangenheit oder die Zukunft – dieser Mensch hat dir nichts getan und wird dir auch nichts tun, dieser Mensch sitzt einfach nur hier –, wie könntest du da hassen?

Aber lieben kannst du. Liebe braucht keinen Bezug; darin liegt die Schönheit und die Freiheit der Liebe. Hass ist eine Sklaverei, Hass ist ein Gefängnis – und du hast es dir selbst auferlegt! Und Hass erzeugt Hass, Hass provoziert Hass. Wenn du jemanden hasst, erzeugst du im Herzen dieses Menschen Hass gegen dich. Die ganze Welt lebt in Hass und Destruktivität, in Gewalttätigkeit, Neid und Konkurrenzdenken. Die Leute gehen sich gegenseitig an die Gurgel, entweder buchstäblich, in der Realität, in ihrem Tun – oder zumindest im Kopf. In Gedanken ist jeder ein Mörder und Killer. Darum haben wir aus dieser wunderschönen Erde eine derartige Hölle gemacht – und dabei könnte sie ein solches Paradies sein!

Wenn du liebst, wird die Erde wieder zu einem Paradies. Und die immense Schönheit der Liebe ist, dass sie keinen Bezugspunkt braucht. Liebe

fließt aus dir heraus, völlig grundlos. Sie ist dein überströmendes Glück, sie ist das schenkende Geben deines Herzens. Sie ist der Ausdruck, den das Lied deines Seins findet. Und Geben ist eine solche Freude – deswegen gibt man! Geben um des Gebens willen, mit keiner anderen Absicht.

5) WIE KANNST DU STREITEN?

Auch du wirst vergehen.
Wenn du das weißt,
wie kannst du streiten?

Aes dhammo sanantano – Buddha wiederholt es immer wieder: »Dies ist das ewige Gesetz.« Worin besteht das ewige Gesetz? Nur Liebe vertreibt den Hass, nur Licht vertreibt die Dunkelheit. Wieso? Weil die Dunkelheit an sich nur ein negativer Zustand ist; sie existiert nicht aus sich selbst heraus. Eigentlich gibt es sie gar nicht – wie könntest du sie vertreiben? Mit der Dunkelheit kannst du nichts direkt machen. Wenn du etwas mit der Dunkelheit machen willst, musst du etwas mit dem Licht machen. Bringst du Licht herein, dann verschwindet die Dunkelheit. Nimmst du das Licht fort, kommt die Dunkelheit herein. Aber die Dunkelheit selbst kannst du nicht hereinbringen oder wegnehmen – mit der Dunkelheit kannst du nichts machen. Und merke dir: Auch mit dem Hass kannst du nichts machen.

Und darin liegt der Unterschied zwischen den Moralpredigern und den religiösen Mystikern: Die Moralprediger propagieren ständig das falsche Gesetz. Sie fordern: »Man muss die Dunkelheit bekämpfen! Ihr müsst den Hass bekämpfen, müsst die Wut und die Lüsternheit bekämpfen, müsst dieses und jenes bekämpfen!« Ihre ganze Vorgehensweise besteht darin, das Schlechte, das Negative zu bekämpfen. Doch der wahre, der echte Meister lehrt euch das positive Gesetz: *Aes dhammo sanantano*, das ewige Gesetz: »Kämpfe nicht gegen die Dunkelheit.« Und Hass ist Dunkelheit, Lüsternheit ist Dunkelheit, Eifersucht ist Dunkelheit, Gier ist Dunkelheit, Wut ist Dunkelheit.

Bringe Licht herein… Wie bringst du Licht herein? Werde still, frei von Gedanken, achtsam, aufmerksam, bewusst, wach – so bringst du Licht herein. Und sobald du achtsam und bewusst bist, wird kein Hass mehr zu finden sein. Versuche einmal, jemanden ganz bewusst zu hassen…

Das sind Experimente, die du durchführen musst, nicht nur Worte, die du verstehen sollst – Experimente, die ausgeführt werden müssen. Deshalb sage ich, versteht es nicht nur intellektuell, sondern werdet existenzielle Experimentatoren. Versuche, jemanden bewusst zu hassen, und du wirst merken, es ist unmöglich. Wenn die Bewusstheit verschwindet, kannst du hassen; bist du bewusst, verschwindet der Hass. Beides kann gemeinsam nicht existieren.

6) JENSEITS VON URTEILEN

Ein Bewusstsein jenseits von Urteilen
beobachtet und versteht.

Überlege nicht, was richtig und falsch ist, denn wenn du überlegst, was richtig und falsch ist, wirst du gespalten, und du wirst zu einem Heuchler. Du wirst das Richtige vortäuschen und das Falsche tun. Sobald du überlegst, was richtig und falsch ist, wirst du festgelegt und identifizierst dich. Zweifellos identifizierst du dich mit dem Richtigen.

Ein Beispiel: Du siehst am Straßenrand einen Hundert-Euro-Schein liegen; er scheint jemandem aus der Tasche gefallen zu sein. Nun taucht die Frage auf: Nehme ich ihn oder nehme ich ihn nicht? Ein Teil von dir sagt: »Es ist völlig in Ordnung, ihn zu nehmen. Es schaut gerade keiner hin; niemand wird Verdacht schöpfen. Und ich stehle ja nicht – er liegt einfach da! Wenn ich ihn nicht nehme, wird ihn ein anderer nehmen! Warum sollte ich mir das entgehen lassen? Es ist völlig in Ordnung!«

Doch ein anderer Teil sagt: »Es ist falsch! Dieses Geld gehört dir nicht, es ist nicht deines. In gewissem Sinne, indirekt, ist es doch Stehlen! Du solltest damit zur Polizei gehen, oder wenn du dir diese Mühe nicht machen willst, dann geh einfach weiter und vergiss das Ganze! Schau nicht mal zurück. Das ist Gier, und Gier ist eine Sünde!«

Jetzt sind diese beiden Seiten des Verstandes da. Die eine sagt: »Es ist richtig, nimm es!«, die andere sagt: »Es ist falsch, nimm es nicht!« Mit welcher Seite deines Verstandes wirst du dich identifizieren? Sicherlich mit derjenigen, die sagt, dass es unmoralisch ist, denn das bringt eine größere Befriedigung für das Ego: »Du bist ein moralischer Mensch, du bist nicht gewöhnlich. Jeder andere hätte den Hundert-Euro-Schein genommen! In so schwierigen Zeiten denken die Leute nicht an solche Spitzfindigkeiten.« Du wirst dich mit der moralischen Seite identifizieren. Und trotzdem ist es sehr wahrscheinlich, dass du dir das Geld nehmen wirst. Du wirst dich mit der moralischen Seite identifizieren und dich distanzieren von der Seite, die das Geld nehmen will. Du wirst es innerlich verurteilen und wirst sagen: »Es ist nicht richtig, aber das ist eben der Sünder in mir, der unbewusste Teil, den ich nicht akzeptiere.« Und so wirst du dich darüber hinwegsetzen. Du wirst sagen: »Ich war ja dagegen. Es war nur mein Instinkt, mein Unterbewusstsein, mein Körper, mein Verstand, der mich überredet hat, es zu tun. Im Übrigen weiß ich doch, dass es falsch war. Ich bin derjenige, der weiß, dass es falsch war.«

Du identifizierst dich immer mit dem Richtigen, mit der moralischen Einstellung, und dann distanzierst du dich von der unmoralischen Handlung – obwohl du sie begehst! So entsteht Heuchelei.

Jenseits des Urteilens von Gut und Böse zu gelangen, ist der Weg der Achtsamkeit. Und nur durch Achtsamkeit geschieht Transformation. Darin liegt der Unterschied zwischen Moral und Bewusstheit. Moral sagt: »Wähle das Richtige und lehne das Falsche ab, wähle das Gute und lehne das Böse ab.« Bewusstheit sagt: »Beobachte einfach beides. Wähle überhaupt nicht. Verweile in einem wahlfreien Bewusstsein.«

7) WAHRLICH EIN NARR

Der Narr, der weiß, dass er ein Narr ist,
ist um so viel weiser.
Der Narr, der glaubt, er sei weise,
ist wahrlich ein Narr.

Der Narr ist immer mit nur einer Sache beschäftigt: seinem Ego. Alles, was seinem Ego dient, egal was, ist gut, und er ist bereit, sich daran festzuklammern. Der Narr klammert sich sogar an sein Unglück, denn es ist *sein* Unglück. Er rafft alles an sich, was er bekommen kann, denn der Narr hat keine Ahnung von seinem inneren Königreich, von seinen inneren Schätzen. Er hortet ständig allen möglichen Trödel, weil er denkt, das sei alles, was man besitzen kann. Trödel außen und Trödel innen – das ist es, was die Leute immer weiter ansammeln. Sie sammeln Dinge, und sie sammeln Gedanken. Dinge sind äußerer Trödel, Gedanken sind innerer Trödel, und so erstickst du in deinem Müll.

Wirf mal einen kühlen, sachlichen Blick auf dein Leben: Was hast du daraus gemacht und daraus gewonnen? Und versuche dich nicht selbst zu beschummeln, denn das macht der Verstand ständig.

Wenn du nichts hast, was du mit in den Tod nehmen kannst, hast du überhaupt nichts. Wenn du nichts Unsterbliches hast, bist du ein Narr.

8) WEDER LOB NOCH TADEL

Der Wind kann einen Berg nicht erschüttern.
Weder Lob noch Tadel rühren den Weisen.

Weise zu sein, ist nicht dasselbe, wie viel zu wissen. Weise zu sein, bedeutet, etwas von deinem Bewusstsein zu erkennen – zuerst innen und dann außen – und das Pulsieren des Lebens zu fühlen, in dir und dann auch außerhalb von dir. Um dieses geheimnisvolle Bewusstsein, das du bist, zu erkennen, musst du es zuerst im innersten Kern deines Seins erfahren, denn das ist die dem universellen Bewusstsein am nächsten gelegene Tür. Sobald du es innen erkannt hast, ist es nicht schwierig, es auch außen zu erkennen. Aber merke dir: Ein weiser Mensch sammelt kein Wissen – seine Weisheit ist spontan. Wissen gehört immer der Vergangenheit an, und Weisheit gehört zur Gegenwart.

Solange du den Unterschied zwischen Wissen und Weisheit nicht ganz klar verstehst, wirst du diese Sutras von Gautama Buddha nicht verstehen können. Und sie sind von enormer Wichtigkeit.

Wissen befriedigt das Ego, Weisheit vernichtet das Ego vollständig – darum suchen die Menschen, Wissen zu erlangen. Sehr selten findet man einen Sucher, der nicht an Wissen interessiert ist, sondern sich der Weisheit verpflichtet fühlt. Wissen bedeutet Theorien über die Wahrheit; Weisheit bedeutet die Wahrheit selbst. Wissen ist aus zweiter Hand; Weisheit ist aus erster Hand. Wissen bedeutet glauben: Weil andere etwas sagen, glaubst du es. Und aller Glaube ist falsch! Kein Glaube ist jemals wahr. Selbst wenn du den Worten des Buddha glaubst, werden sie in dem Moment, wo du sie glaubst, zu einer Lüge.

Die Wahrheit kann man nicht glauben; entweder weiß man, oder man weiß nicht. Wenn du weißt, spielt der Glaube keine Rolle; wenn du nicht weißt, spielt der Glaube ebenfalls keine Rolle. Wenn du weißt, dann weißt du; wenn du nicht weißt, dann weißt du nicht.

Der Glaube ist eine Projektion des trickreichen Verstandes – er gibt dir das Gefühl des Wissens, ohne zu wissen. Du kannst leicht an Gott glauben, an die Unsterblichkeit deiner Seele, an die Reinkarnationstheorie. In Wirklichkeit bleibst du dann aber an der Oberfläche; du bist von alldem nicht tief in deinem Inneren betroffen. Wenn der Tod an deine Tür klopft, wirst du sehen, dass all dein Glaube dahin sein wird. Der Glaube allein wird dir also jetzt nicht helfen. Du wirst weinen und dich ans Leben klammern. Du wirst alles vergessen, was du über Gott gehört hast, und du wirst dich auch nicht mehr an die komplizierten Sachverhalte der Reinkarnationstheorie erinnern. Wenn der Tod anklopft, wird die ganze Struktur des vermeintlichen Wissens zerstört, die du um dich herum aufgebaut hast. Es wird dich in ein Gefühl der absoluten Leere versetzen… und in das Bewusstsein, dass das ganze Leben ein Dahinschwinden ist.

Weisheit ist ein vollkommen anderes Phänomen. Es ist Erfahrung, nicht Glaube. Es ist existenzielle Erfahrung. Du glaubst nicht an Gott, du kennst Gott. Du glaubst nicht an die Unsterblichkeit der Seele, du hast sie geschmeckt. Du glaubst nicht an die Reinkarnation, du erinnerst dich daran, dass du schon in mehreren Körpern gelebt hast; du warst ein Stein, du warst ein Baum, du warst ein Säugetier, ein Vogel, ein Mann, eine Frau… Du hast in so vielen Formen gelebt. Du siehst, dass sich bloß das Oberflächliche ändert; das Essenzielle ist ewig.

Dies ist Sehen, nicht Glauben. Und alle wirklichen Meister sind daran interessiert, dir zum Sehen zu verhelfen, nicht zum Glauben. Weisheit steigt in deinem Inneren empor, sie ist kein angelesenes Wissen. Du beginnst, dein eigenes Bewusstsein zu »lesen« – und darin sind alle Bibeln und alle Gitas und alle Dhammapadas enthalten.

9) UNBERÜHRT, NICHT IDENTIFIZIERT

Ob Glück oder Sorge –
was immer dir zustößt,
geh weiter,
unberührt, nicht identifiziert.

Es wird von großer Bedeutung sein, wenn wir eines Tages in der Zukunft anfangen, unsere Sprachmuster zu verändern, denn unsere Sprachen wurzeln sehr tief in der Unwissenheit. Wenn du Hunger verspürst, sagst du sofort: »Ich bin hungrig.« Das erzeugt eine Identifikation und gibt dir das Gefühl, als ob du hungrig wärst. Aber das bist du nicht. Die Sprache sollte so beschaffen sein, dass sie dir nicht diese falsche Vorstellung gibt: »Ich bin hungrig.« Was tatsächlich passiert: Du beobachtest, dass der Körper hungrig ist. Du beobachtest die Tatsache, dass der Magen leer ist und nach Nahrung verlangt – aber das bist nicht du. Du bist der Beobachter. Du bist immer der Beobachter, du bist nie der Handelnde. Du bleibst immer der distanzierte, außerhalb stehende Beobachter. Trachte danach, dich mehr und mehr im Beobachten zu verwurzeln – Buddha nennt das *vipassana*, »Einsicht«. Sieh einfach mit deinen inneren Augen alles, was geschieht, und bleibe davon unberührt, nicht identifiziert.

Ein zäher alter indianischer Krieger kam ins Lager gewankt, Brust und Beine von sieben Pfeilen durchbohrt.

Ein Arzt, der ihn untersuchte, sagte: »Erstaunliches Rückgrat! Tut dir das nicht weh?«

»Nur wenn ich lache«, knurrte der Alte.

Genau genommen sollte es nicht einmal dann wehtun – und einem Buddha tut es nicht weh. Nicht, dass da kein Schmerz wäre, wenn man einen Buddha mit einem Pfeil durchbohrt; der Schmerz ist da. Vielleicht

spürt er ihn sogar noch mehr als ihr, denn ein Buddha hat die höchste Sensibilität – dagegen seid ihr unsensibel und empfindungslos, halb tot. Die Wissenschaftler sagen, dass ihr nur 2 Prozent aller Sinneseindrücke in euch hineinlasst. 98 Prozent haltet ihr draußen; eure Sinne lassen sie nicht hereinkommen. Nur 2 Prozent der Welt erreichen euch; 98 Prozent werden fern gehalten. Ein Buddha ist offen für 100 Prozent der Welt. Wenn ein Buddha von einem Pfeil durchbohrt wird, spürt er den Schmerz zu 100 Prozent, ihr spürt ihn nur zu 2 Prozent.

Dennoch ist da ein großer Unterschied: Ein Buddha ist nur der Beobachter. Es tut weh, aber *nicht ihm*. Er beobachtet es, so als ob es jemand anderem zustößt. Er empfindet Mitgefühl mit dem Körper – er fühlt mit ihm –, aber er weiß, er ist nicht der Körper.

Er trifft jede mögliche Vorsorge, denn er achtet den Körper. Der Körper ist solch ein wunderbarer Diener, solch ein gutes Haus, um darin zu leben – der Buddha kümmert sich um ihn, aber er bleibt distanziert.

Selbst wenn der Körper stirbt, beobachtet ein Buddha dies. Der Körper stirbt, und der Buddha beobachtet, dass der Körper gestorben ist. Wenn jemand in solchem Maße beobachten kann, ist er jenseits des Todes.

10) IM LEEREN WALD

Sogar im leeren Wald
findet er Freude,
denn er begehrt nichts.

Alle wichtigen Werte des Lebens entwickeln sich in einem Klima der Freiheit; darum ist Freiheit der grundlegendste Wert und auch der höchste Gipfel. Wenn du Buddha verstehen willst, musst du einen Geschmack von der Freiheit bekommen, von der er redet.

Seine Freiheit ist nicht im Außen. Es ist keine gesellschaftliche, keine politische, keine wirtschaftliche Freiheit. Seine Freiheit ist spirituell. Mit »Freiheit« meint er einen Bewusstseinszustand, der unbehindert ist vom Begehren, nicht gefesselt durch Wünsche, nicht eingesperrt von Habgier, von der Gier nach mehr. Mit »Freiheit« meint er ein Bewusstsein ohne Verstand – einen Zustand des Nichtdenkens. Dieser Zustand ist vollkommen leer, denn wenn da etwas wäre, würde es die Freiheit einschränken; darum ist es vollkommene Leere.

Dieses Wort »Leere« – *shunyata* – wird oft sehr missverstanden. Wenn wir das Wort »leer« hören, denken wir an etwas Schlechtes. In der Sprache Buddhas ist Leere nichts Negatives; sie ist etwas absolut Positives, positiver als unsere so genannte »Fülle«, denn die Leere ist voller Freiheit; alles andere ist weggefallen. Sie ist geräumig; alle Begrenzungen sind verschwunden. Sie ist unbegrenzt – und nur in einem unbegrenzten Raum ist Freiheit möglich. Buddhas Leere ist nicht bloß die Abwesenheit von allem – sie ist die Anwesenheit von etwas Unsichtbarem.

Wenn du zum Beispiel dein Zimmer ausräumst, wird es, während du die Möbel und Bilder und all die anderen Dinge entfernst, einerseits leer, doch andererseits wird es allmählich von etwas Unsichtbarem erfüllt. Dieses Unsichtbare ist »Geräumigkeit«, der Raum wird größer. Während du die Gegenstände ausräumst, wird der Raum größer und größer. Wenn alles entfernt ist und sogar die Wände weg sind, dann ist der Raum so groß wie der weite Himmel.

Darin besteht der ganze Prozess der Meditation: alles leer zu räumen, dich selbst so vollkommen leer zu machen, dass nichts übrig bleibt – nicht einmal du. In dieser vollkommenen Stille ist Freiheit. In dieser vollkommenen Stille erblüht der tausendblättrige Lotus der Freiheit. Und ein wunderbarer Duft wird freigesetzt: der Duft des Friedens, des Mitgefühls, der Liebe, der Glückseligkeit.

11) HOHLE WORTE

*Besser als tausend hohle Worte
ist ein Wort, das Frieden bringt.*

Eines Nachts sah der große deutsche Philosoph Professor von Kochenbach im Traum zwei Türen: Die eine führte direkt zur Liebe und zum Paradies, und die andere führte in einen Hörsaal, in dem ein Vortrag über die Liebe und das Paradies gehalten wurde. Ohne zu zögern, sprang der Professor auf und eilte in den Vortrag.

Diese Anekdote ist bezeichnend. Natürlich ist sie frei erfunden, aber in Wirklichkeit gar nicht so fiktiv. Sie repräsentiert den menschlichen Verstand: Er ist mehr an Wissen interessiert als an Weisheit, mehr an Information als an Transformation. Er ist mehr daran interessiert, etwas *über* Schönheit, Wahrheit und Liebe zu erfahren, als selbst die Erfahrung von Schönheit, Wahrheit und Liebe zu machen.

Oberflächlich betrachtet, erscheint das logisch. Zuerst muss man sich mit dem vertraut machen, was das Paradies ist, nur dann kann man in das Paradies eintreten. Zuerst musst du eine Landkarte haben. Das ist logisch, aber dennoch dumm; logisch nur dem Anschein nach, doch im Grunde völlig unintelligent.

Liebe erfordert nicht, dass du darüber informiert bist, denn sie ist nicht etwas außerhalb von dir, sie der innerste Kern deines Seins. Du hast sie bereits, du musst sie nur fließen lassen. Das Paradies ist nicht irgendwo anders, und du brauchst keine Landkarte, um dorthin zu gelangen. Du *bist* schon im Paradies, du bist nur eingeschlafen. Alles, was du tun musst, ist aufwachen.

Das Erwachen kann unmittelbar und plötzlich eintreten – in der Tat kann das Erwachen nur einen Augenblick dauern. Wenn du jemanden weckst, geschieht dies ja auch nicht langsam, allmählich, gemächlich... Es ist nicht so, dass er nach und nach zu 10 Prozent, 20 Prozent, 30 Prozent... und irgendwann zu 100 Prozent wach wird – nein. Wenn du einen Schlafenden wach rüttelst, wacht er sofort auf. Entweder schläft jemand, oder er ist wach. Dazwischen gibt es nichts.

Aber die Menschen klammern sich an Worte. Worte, die hohl sind, Worte, die keine Bedeutung haben, Worte von Leuten, die genauso unwissend sind. Mag sein, dass sie gelehrt sind, aber Gelehrsamkeit vertreibt nicht die Unwissenheit. Die Kenntnis, dass es Licht gibt, vertreibt nicht die Dunkelheit. Du kannst eine ganze Bücherei mit Werken über das Licht haben, diese Bibliothek wird dich nicht in die Lage versetzen, die Dunkelheit zu vertreiben. Um die Dunkelheit zu vertreiben, brauchst du nur eine kleine Kerze – sie wird das Wunder vollbringen.

12) EROBERE DICH SELBST

Es ist besser, sich selbst zu erobern,
als tausend Schlachten zu gewinnen.
Dann gehört dir der Sieg.
Er kann dir nicht genommen werden,
nicht von Engeln oder Dämonen,
von Himmel oder Hölle.

Es gibt nur einige wenige bedeutsame Ereignisse im Leben von Alexander dem Großen. Das eine ist seine Begegnung mit dem bedeutenden Mystiker Diogenes. Diogenes lag nackt am Ufer eines Flusses und nahm ein Sonnenbad. Es war noch früh am Morgen... da war die gerade aufgegangene Sonne und das schöne Ufer und der kühle Sand. Und Alexander kam vorüber; er war auf dem Weg nach Indien.

Jemand hatte ihm erzählt: »Diogenes ist ganz in der Nähe – und du hast doch immer etwas von Diogenes wissen wollen!« Denn Alexander hatte viele Geschichten gehört. Diogenes war tatsächlich jemand, der es verdiente, ein Mann genannt zu werden! Selbst Alexander war insgeheim neidisch auf ihn.

Er ging hin, um ihn zu sehen. Er war beeindruckt von seiner Schönheit – nackt, ohne Schmuck und jedes Beiwerk. Alexander selbst war über und über mit Schmuck und allem möglichen Beiwerk behangen, doch neben Diogenes sah er richtig ärmlich aus. Und er sagte zu Diogenes: »Ich bin neidisch auf dich. Im Vergleich zu dir sehe ich arm aus – und du besitzt gar nichts! Worin besteht dein Reichtum?«

Diogenes sagte: »Ich habe keine Wünsche – Wunschlosigkeit ist mein Schatz. Ich bin ein Meister, denn ich besitze nichts. Meine Meisterschaft besteht in der Freiheit vom Besitzdenken, und ich habe die Welt erobert, weil ich mich selbst erobert habe. Mein Sieg wird mir erhalten bleiben, aber deinen Sieg wird der Tod dir nehmen…«

Und als Alexander im Sterben lag, erinnerte er sich an Diogenes, an sein Lachen, seinen Frieden, seine Freude. Er erinnerte sich, dass Diogenes etwas gehabt hatte, was über den Tod hinausgeht, und er erkannte: »Ich habe nichts.« Da weinte er, und Tränen quollen ihm aus den Augen. Und er sagte zu seinen Ministern: »Wenn ich sterbe und ihr meinen Körper zum Friedhof tragt, lasst meine Hände aus dem Sarg hängen!«

Die Minister fragten: »Aber das ist doch nicht üblich! Weshalb? Was soll dieses seltsame Verlangen?«

Alexander sagte: »Ich möchte, dass alle sehen, dass ich mit leeren Händen gekommen bin und mit leeren Händen wieder gehe und dass mein ganzes Leben vergeudet war. Lasst meine Hände aus dem Sarg hängen, damit jeder sehen kann: Auch Alexander der Große geht mit leeren Händen.«

13) BEEILE DICH, GUTES ZU TUN

Beeile dich, Gutes zu tun.
Wenn du zögerst,
wird der Verstand in tückischer Freude
dich schnell einholen.

Buddha sagt: *Beeile dich, Gutes zu tun.*

Warum »Beeile dich«? Warum sollst du es unmittelbar tun? Nun, der Verstand wird sagen: »Morgen ist auch noch ein Tag. Warte, lass uns erst mal darüber nachdenken.« Und das Denken führt zu keiner Entscheidung. Zehntausend Jahre Philosophie, und es existiert keine einzige Entscheidung in der Philosophie. Die Philosophen sind noch nicht bei irgendeiner Wahrheit angekommen; sie setzen immer noch ihr Tun fort. Die ewig gleichen Argumente werden in verschiedenen Verkleidungen und auf verschiedenen Wegen wiederholt, und die Philosophie bewegt sich in einem Teufelskreis. Der Philosoph bleibt unentschlossen; und sein Leben lang unentschlossen zu bleiben, bedeutet, überhaupt nicht zu leben.

Leben ist nur möglich aus der Entschlusskraft heraus, aus dem Engagement, dem Sicheinlassen heraus. Anderenfalls bist du ein bloßer Zuschauer, du nimmst an nichts teil.

Der Verstand hat große Angst davor, ja zu sagen, und er hat große Angst davor, Gutes zu tun, weil das Gute nur in einem Zustand der Egolosigkeit getan werden kann. Das Gute ist das Nebenprodukt des »No-Mind«, der Intelligenz jenseits des Denkens. Versuche, das zu verstehen; und ich sage nicht, du sollst darüber nachdenken; ich sage nur, du sollst vom Herzen her hören, mit einem Herzen voller Liebe. Diese Sutras können nur mit dem Herzen verstanden werden, denn sie haben ihren Ursprung in dem größten Herzen, das auf Erden gelebt hat.

14) ALLE LIEBEN DAS LEBEN

Alle Wesen zittern vor der Gewalt.
Alle fürchten den Tod. Alle lieben das Leben.

Gewalt ist gegen die Natur. Ein bewusster Mensch kann nicht gewalttätig sein – aber es geht nicht darum, Gewaltlosigkeit zu praktizieren, wohlgemerkt. Wenn du Gewaltlosigkeit praktizierst, wirst du zu einem Gandhi-Anhänger, einem Scheinheiligen. Ein Gandhi-Anhänger ist kein bewusster Mensch. Er praktiziert Gewaltlosigkeit, indem er *versucht*, gewaltlos zu werden, aber es kommt nicht aus seinem Verständnis. Er entwickelt einen Charakter, aber in der Tiefe ist kein Bewusstsein, das als Zentrum für diesen Charakter dienen könnte.

Der Mystiker entwickelt zuerst das Bewusstsein, dann folgt der Charakter von selbst. Der Moralist entwickelt den Charakter, aber dem Charakter folgt kein Bewusstsein. Charakter ist etwas sehr Oberflächliches.

Alle Wesen zittern vor der Gewalt. Alle fürchten den Tod. Alle lieben das Leben. Diese Aussagen braucht man nicht zu beweisen. Es sind einfache Beobachtungen, offensichtlich für jedermann. Aber es lassen sich daraus ein paar Schlüsse ziehen: Wenn *alle* Wesen vor der Gewalt zittern, dann muss an der Gewalt etwas verkehrt sein, grundlegend falsch. Sie ist gegen die Natur.

Destruktivität ist nicht natürlich – kreativ zu sein, ist natürlich. Nicht Gewalt, sondern Mitgefühl ist natürlich, nicht Gewalt, sondern Liebe. Nicht Wut und nicht Hass, denn das ist die Saat, die zur Gewalt führt. Aber Liebe, Mitgefühl, Geben – das ist natürlich. Und natürlich zu sein, heißt, religiös zu sein.

Alle fürchten den Tod – also tötet nicht! Stattdessen helft den Menschen, den Tod kennen zu lernen. Ihre Furcht kommt aus der Unwissenheit. Sie fürchten den Tod, weil er die größte Unbekannte ist. Den Tod kann man nur kennen lernen, wenn man stirbt. Helft den Menschen, den Tod durch Meditation kennen zu lernen, denn das ist eine Möglichkeit, zu sterben und dennoch am Leben zu bleiben.

Alle lieben das Leben – also liebt! Schafft Situationen und Zusammenhänge, dass die Liebe mehr wachsen kann. Schafft einen Raum, in dem eure Liebesenergien fließen können, in dem sie auf keine Barrieren, keine Hindernisse treffen.

15) BRENNE UND SEI WACH

Wie ein edles Pferd, flink unter der Peitsche,
brenne und sei wach.

Buddha war ein Prinz, bevor er erleuchtet wurde, und als Prinz hatte er Pferde geliebt. In jener Zeit waren Pferde die wichtigste Stütze im Krieg.

Nach seiner Erleuchtung sprach Buddha oft und auf vielfältige Weise über diese Tiere. Er sagt, es gäbe vier Kategorien von Pferden. Die erste ist die schlechteste – selbst wenn man sie schlägt. Und je mehr man sie schlägt, desto starrköpfiger werden sie. Diese Pferde haben keinen Adel, keine Anmut, keine Würde. Man kann sie schelten, mit der Peitsche schlagen, verprügeln – sie sind sehr dickhäutig. Wenn sie nicht wollen, dann rühren sie sich nicht vom Fleck.

Dann gibt es die zweite Kategorie: Wenn man sie schlägt, bewegen sie sich; sie haben ein bisschen Würde, einen gewissen Stolz. Dann die dritte Kategorie, die ist noch ein bisschen besser: Man braucht sie nicht zu schlagen – schon der Klang der Peitsche genügt. Und bei der vierten, der höchsten Kategorie ist selbst der Klang der Peitsche nicht mehr nötig – schon ihr bloßer Schatten genügt.

Buddha sagt, auch bei den Menschen gäbe es vier Kategorien. Die höchste, intelligenteste, das sind die wahren Sucher der Wahrheit. Ihnen genügt der Schatten der Peitsche – schon ein kleiner Hinweis des Meisters ist ausreichend. Buddha sagt auch: Ein edles Pferd bekommt selten die Peitsche zu spüren. Für ein edles Pferd ist die Berührung mit der Peitsche nicht nötig – nur der Schatten.

Sei wie ein edles Pferd: klug, aufmerksam und wach.

16) DER UNWISSENDE

Der Unwissende ist wie ein Ochse.
Er wächst an Körpergröße, aber nicht an Weisheit.

Schon vor Gautama Buddha war die Grundfrage: Was ist Weisheit? Und sie gilt für jeden. Im Laufe der Zeiten haben alle Weisen gefragt: Was ist Weisheit? Wenn du darauf eine Antwort weißt, die auf deiner eigenen, authentischen Erfahrung beruht, wird es dein Leben transformieren.

Du kannst natürlich die Definitionen von Weisheit, die du von anderen gehört hast, wiedergeben, aber das wird dir nicht helfen. Du wirst es nur nachplappern, ohne es zu verstehen, und das ist eine der Fallgruben auf dem Weg, vor denen man sich hüten muss. Rede nie jemandem etwas nach, was nicht deine eigene Erfahrung ist. Vermeide bloßes Wissen, nur dann kannst du an Weisheit wachsen.

Wissen ist von anderen geborgt, Weisheit wächst in dir. Weisheit ist etwas Inneres, Wissen etwas Äußerliches. Wissen kommt von außen, es hängt sich an deine Fassade, bläht deinen Stolz auf und hält dich verschlossen, weit entfernt von jedem Verstehen. Verständnis kann man nicht studieren; keiner kann es dich lehren. Du musst dir selbst ein Licht sein. Du musst dich auf die Suche machen und es in deinem eigenen Sein entdecken, denn im innersten Kern ist es schon vorhanden. Wenn du tief genug eintauchst, wirst du es finden. Du wirst lernen müssen, in deine eigene Tiefe einzutauchen – nicht in die Schriften, sondern in dein eigenes Sein. Weisheit ist der Duft deines eigenen Seins. Weisheit ist nicht Information, sondern Erfahrung.

17) BEGRADIGE DICH SELBST

Um das Krumme zu begradigen, musst du erst etwas Schwierigeres tun: Begradige dich selbst.

Die Fehler der anderen zu sehen, ist leicht. Wir lieben es, die Fehler anderer Menschen zu erkennen, weil es unser Ego stützt und stärkt: »Ich bin viel besser!« Die eigenen Fehler zu sehen, ist viel schwieriger; nur wer sich selbst liebt, vermag sie zu erblicken.

Hör nicht auf das, was andere über dich sagen. Nimm selbst wahr, wer du bist, wo du stehst und was deine Fehler sind. Und das Wunderbare ist: Wenn du bei dir einen Fehler dank deiner eigenen Bewusstheit sehen kannst, löst er sich auf. Du brauchst dich nicht zu bemühen; es genügt die bloße Bewusstheit, und er fängt an, zu schmelzen wie Eis in der heißen Sonne. Es ist aber sehr schwer, deine eigenen Fehler zu entdecken, weil du nie auf dich selbst schaust; du bist so sehr nach außen orientiert, so extravertiert, dass du ständig nur auf andere blickst.

Das hübsche neue Tippfräulein überreicht dem Finanzchef ein Blatt Papier mit den Worten: »Hier ist der Bericht, den Sie haben wollten, Herr Berger.«

»Perger ist mein Name!«, korrigiert er sie. »Wahrscheinlich haben Sie mit dem Oberbuchhalter geredet, der das P nicht richtig aussprechen kann. Hat er sonst noch etwas über mich gesagt?«

»Nur dass Sie, wenn es um belanglose Details geht, eine rechte Blage sind!«

Natürlich ist es schwierig, weil du dein ganzes Bewusstsein auf dich selbst richten musst. Und wir sind so nach außen orientiert, man hat uns so extravertiert *gemacht*, dass es uns fast unmöglich erscheint, den Blick nach innen zu richten. Wir sind wie gelähmt, wir können nur auf andere schauen. Das geht so weit, dass wir, wenn wir uns selbst sehen wollen, in den Spiegel schauen. Dann ist unser Bild im Spiegel der anderen.

Man muss lernen, den Blick auf sich selbst zu richten und mit geschlossenen Augen still zu beobachten. Und du darfst keine vorgefassten Meinungen mitbringen. Viele Leute haben dir erzählt: »Du hast diese und jene Fehler.« Lass derartige Gedanken nicht in dich hinein, sonst wirst du diese Fehler finden, denn Gedanken sind sehr erfinderisch. Leg im Geist alles beiseite, was man dir über dich gesagt hat. Solange du etwas nicht aus eigener Erfahrung weißt, hat es keinen Wert, keine Bedeutung.

Geh nach innen ohne Vorurteile, weder für noch gegen etwas. Geh einfach mit totaler Offenheit und sieh. Und wenn du liebst und wenn du zu beobachten weißt, wirst du eins der mysteriösesten Phänomene erfahren: Einen Fehler zu erkennen, bedeutet, ihn zu beheben. Das ist Buddhas großes Geheimnis: Es reicht, wenn du weißt, dass du etwas falsch machst; du kannst es dann nicht mehr tun.

18) DU BIST DIE QUELLE

Bosheit ist dir zu Eigen, Sorge ist dir zu Eigen,
aber auch Tugend ist dir zu Eigen und Reinheit.
Du bist die Quelle aller Reinheit und Unreinheit.

Ein völlig verwandelter Mensch wird in dem Moment geboren, in dem du deine Verantwortung für dich selbst akzeptierst, sobald du sagst: »Alles, was ich bin, ist meine Entscheidung – nicht aus der Vergangenheit, sondern jetzt, in der Gegenwart. Es ist meine Entscheidung in diesem Moment. Und wenn ich es anders haben möchte, bin ich absolut frei, es zu ändern. Niemand kann mich daran hindern – weder die gesellschaftlichen Umstände noch der Staat, die Geschichte, die wirtschaftlichen Verhältnisse, irgendwelche unterbewussten Kräfte – nichts kann mich daran hindern. Wenn ich mich dazu entschließe, es zu ändern, kann ich es ändern.«

Gewiss, anfangs sieht diese Verantwortung wie eine sehr, sehr schwere Bürde aus. Es fühlt sich leichter an, die Verantwortung auf andere zu schieben. Zumindest kannst du dich dann darüber freuen, dass du nicht verantwortlich, nur das hilflose Opfer bist. Anfangs ist es schwer, die ganze Verantwortung für dich selbst bedingungslos zu übernehmen. Es ist deprimierend und erzeugt Angst und Verzweiflung – aber nur am Anfang. Wenn du es akzeptiert hast, wird dir bewusst, was für ein enormes Potenzial und was für eine enorme Freiheit es mit sich bringt.

Wenn ich für mein Unglück selbst verantwortlich bin, bedeutet es automatisch, dass ich auch für mein Glück selbst verantwortlich bin. Wenn ich der Urheber meines Unglücks bin, kann ich sofort damit aufhören. Lasst mich das Wort wiederholen: *sofort*. Man braucht nicht einen einzigen Augenblick zu warten! Es geht nicht darum, seine früheren Leben zu verändern, es geht nicht darum, die ganze Gesellschaft zu verändern, es geht nicht darum, die Diktatur des Proletariats einzuführen, es geht nicht darum, Jahr um Jahr in der Psychoanalyse zu verbringen. Es geht einfach nur darum, die ganze Verantwortung zu übernehmen: »Was immer ich auch bin: Ich selbst habe mir meine Lebenssphäre, mein Dasein geschaffen.«

Der Mensch wird nur als Potenzial geboren. Er kann für sich selbst und andere zu einem Dorn werden, aber er kann auch zu einer Blume werden, ebenso für sich selbst und für andere. Und vergiss nicht: Was immer du für andere bist, das bist du auch für dich selbst, und was immer du für dich selbst bist, das bist du auch für andere. Wenn du für dich selbst eine Blume bist, wirst du deinen Duft freisetzen, und er wird andere erreichen. Wenn du für dich selbst ein Dorn bist – wie kannst du für andere eine Blume sein?

19) AUSSERHALB DES GESETZES

Lebe in der Welt nicht in Ablenkungen
und falschen Träumen, außerhalb des Gesetzes.

Dein Verstand erzeugt fortwährend Ablenkungen. Beobachte nur deinen Verstand, dann wirst du verstehen, was Buddha sagt. Der Verstand lässt dich nie auch nur für ein paar Augenblicke stillsitzen. Wenn du stillsitzt, sagt er: »Warum hörst du nicht Radio? Die Zeitung ist sicher schon gekommen! Vielleicht ist die Post schon da! Wie wär's, wenn du ins Kino gehst? Oder fernsiehst?« Wenn du in deinem Geschäft bist, sagt dein Verstand: »Geh nach Hause und ruh dich aus – du bist müde.« Bist du zu Hause, sagt dein Verstand: »Was vergeudest du hier deine Zeit? Geh ins Geschäft – du könntest etwas verdienen!«

Der Verstand erlaubt dir nie, da zu sein, wo du gerade bist. Er erlaubt dir nie, die Dinge so zu sehen, wie sie sind. Er führt dich immer irgendwo anders hin, entweder in die Vergangenheit oder in die Zukunft. Er lässt dich nie in der Gegenwart sein. Entweder zieht er dich in Erinnerungen – nichts als Fußabdrücke im Sand der Zeit –, oder er zieht dich in die Zukunft, in große Projektionen, große Erwartungen, Wünsche, Ziele… Und du verwickelst dich so sehr darin – als besäßen sie irgendeine Realität! Und während du mit all diesen Ausflügen in die Vergangenheit oder Zukunft beschäftigt bist, schlüpft dir die Realität durch die Finger. Der Verstand erlaubt dir nie – und wird es dir nie erlauben –, zu sehen, was ist. Er zieht dich immer zu dem, was nicht ist.

Einer der Namen Buddhas ist *Tathagata*, das bedeutet »Der so Dahingelangte (so Gekommene, Vollendete)« und bezeichnet jemanden, der auf dem Weg zur Wahrheit die höchste Erleuchtung erlangt hat, von allen Ablenkungen des Verstandes befreit ist; denn wenn du von allen Verstrickungen befreit bist, bleibt kein Verstand mehr übrig. In der Gegenwart ist kein Denken. In der Gegenwart ist nur Bewusstsein, Bewusstheit, Beobachtung.

Lebe in der Welt, aber nicht nur durch Denken. Lass die Vergangenheit und die Zukunft nicht zwischen dir und der Realität stehen. Und wenn du den Zustand des »No-Mind« (die Intelligenz jenseits des Denkens) für wenige Momente herbeiführen kannst – und das ist Meditation –, wirst du überrascht sein: Plötzlich bist du im gleichen Rhythmus wie die Existenz. Du wirst das kennen, was Buddha *aes dhammo sanantano* nannte – das ewige Gesetz.

20) DIE EINFACHE LEHRE

Meistere dich selbst, wie es dem Gesetz entspricht.
Das ist die einfache Lehre des Erwachten.

Wie es dem Gesetz entspricht bedeutet nicht das Gesetz irgendeines Staates oder das Gesetz, wie es von den Priestern gegeben wird. Das »Gesetz« bedeutet für Buddha das höchste Gesetz des Lebens und der Existenz.

Da ist eine ungeheure Harmonie – und jeder, der nur ein bisschen sensibel und intelligent ist, kann fühlen: Das Leben ist ein harmonisches Ganzes. Es ist kein Chaos, es ist ein Kosmos. Weshalb ist es kein Chaos? Weil ein Gesetz alles durchzieht wie der Faden in einer Blumengirlande. Der Faden ist unsichtbar, man sieht nur die Blumen, aber der

Faden hält sie alle zusammen. Die Existenz ist wie eine Girlande: Da ist ein Faden, ein *Sutra* – denn ebendas bedeutet »Faden« –, ein hauchdünner Faden, der fast unsichtbar die ganze Existenz durchzieht; und er macht sie zu einem Kosmos und nicht zu einem Chaos.

Wie es dem Gesetz entspricht bedeutet in Buddhas Worten: Sei in Harmonie mit der Natur, mit der Existenz. Kämpfe nicht dagegen, gehe nicht dagegen an. Schwimme nicht gegen den Strom, sondern lass dich stromabwärts treiben. In einem entspannten Zustand des Loslassens mitzugehen mit der Existenz – das bedeutet es, dem Gesetz zu folgen. *Aes dhammo sanantano* – dies ist das unerschöpfliche Gesetz. Wenn du dich entspannst, wenn du dich diesem Gesetz überlässt und dich von ihm in Besitz nehmen lässt, dann wird es dich überfluten. Du brauchst auf keinen Egotrip zu gehen. Der Fluss fließt schon in Richtung Ozean – du kannst dich einfach mit dem Fluss treiben lassen. Du brauchst noch nicht einmal zu schwimmen – lass dich dahintreiben, und du erreichst den Ozean.

21) VOLLER FREUDE?

Wer aufwachen will, verzehrt sein Begehren voller Freude.

Was meint Buddha mit »Begehren«? Begehren bedeutet alles, was den Verstand ausmacht. Begehren bedeutet, nicht hier und jetzt zu sein. Begehren bedeutet, sich in eine Zukunft zu begeben, die noch nicht da ist. Begehren bedeutet tausendundeine Weise, um der Gegenwart zu entfliehen. Begehren ist gleichbedeutend mit dem Verstand. In Buddhas Terminologie ist Begehren das Denken.

Und Begehren ist auch die Zeit. Wenn ich sage, Begehren ist auch die Zeit, dann meine ich nicht die Uhrzeit, sondern die psychologische Zeit. Wie erschaffst du die Zukunft in deinem Denken? Durch dein Begehren. Du hast den Wunsch, morgen etwas zu tun – damit hast du das Morgen geschaffen; ansonsten gäbe es noch kein Morgen, es ist noch nicht da.

Wer in der Zukunft lebt, lebt ein Scheinleben. Er lebt nicht wirklich, er tut nur so, als würde er leben. Er hofft, zu leben, er begehrt, zu leben, aber tatsächlich lebt er nie. Und das Morgen kommt nie, es ist immer heute. Und alles, was kommt, ist immer jetzt und hier. Aber er weiß nicht, wie er jetzt und hier leben soll, er weiß nur, wie er dem Jetzt und Hier entfliehen kann. Der Fluchtweg heißt »Begehren«: *tanha*. Das ist Buddhas Wort für das, was eine Flucht aus der Gegenwart darstellt, aus dem Wirklichen ins Unwirkliche.

Der Mensch, der im Begehren lebt, flüchtet aus der Realität.

Nun, es ist sehr seltsam, dass man die Meditierenden für realitätsflüchtig hält. Das ist blanker Unsinn. Nur der Meditierende ist *kein* »Realitätsflüchtiger« – alle anderen sind es. Meditation bedeutet, aus dem Begehren herauszukommen, aus den Gedanken herauszukommen, aus dem Verstand herauszukommen. Meditation bedeutet, sich im Augenblick zu entspannen, in der Gegenwart. Meditation ist das Einzige auf der Welt, was *keine* Realitätsflucht darstellt, obwohl sie für die größte Realitätsflucht gehalten wird. Die Leute, die Meditation verurteilen, tun dies immer mit dem Argument, sie sei eine Flucht vor dem Leben. Sie reden Unsinn, sie verstehen nicht, wovon sie sprechen. Meditation ist keine Flucht vor dem Leben; sie ist eine Flucht *ins* Leben. Der Verstand flüchtet vor dem Leben, das Begehren flüchtet vor dem Leben.

22) SELBST UNTER DENEN, DIE IN NOT SIND

Lebe in Freude, in Frieden,
selbst unter denen, die in Not sind.

Du kannst nicht die ganze Welt verändern. Du hast nur eine kleine Lebensspanne, und die ist bald vorbei. Du kannst nicht die Bedingung aufstellen, dass du erst dann fröhlich sein wirst, wenn sich die ganze Welt verändert hat und alle Menschen glücklich sind. Das wird nie geschehen. Und es liegt auch nicht in deiner Macht, es zu tun.

Sei zuerst selbstsüchtig, transformiere zuerst dich selbst. Wenn du dein Leben in Frieden, in Freude, in Gesundheit lebst, kann es zu einer großen Quelle der Labsal für andere werden, die nach spiritueller Nahrung hungern. Die Menschen hungern nicht wirklich nach materiellen Dingen. Materieller Reichtum ist relativ leicht zu erlangen: Ein bisschen mehr Technik, ein bisschen mehr Wissenschaft, und die Menschen könnten alle reich sein. Die wirkliche Frage lautet: Wie kannst du innerlich reich sein? Und wenn du äußerlich reich bist, erlebst du eine Überraschung. Dann wird dir zum ersten Mal deine innere Armut sehr stark und sehr schmerzlich bewusst. Erst wenn du äußerlich reich bist, scheint der ganze Sinn des Lebens zu verschwinden, weil du deine innere Armut durch den Kontrast deutlicher sehen kannst. Außen ist alles von Licht umgeben, aber innen bist du eine dunkle Insel.

Der Reiche kennt diese Armut besser als der Arme, denn der Arme hat den Kontrast nicht. Für ihn ist es außen und innen dunkel, für ihn besteht das Leben nur aus Dunkelheit. Doch wenn es außen hell ist, bekommt man Sehnsucht nach dem inneren Licht. Wenn du weißt, dass äußerer Reichtum möglich ist, weshalb solltest du nicht auch innerlich reich sein können?

23) FREIHEIT

Befreie dich vom Anhaften.

Was könnte dich unglücklich machen, wenn du an nichts anhaftest? Dein Anhaften erzeugt Leiden, weil du an etwas festhältst. Es liegt aber in der Natur der Dinge, dass sich alles verändert. Du kannst nichts festhalten. Alles gleitet dir ständig aus den Händen. Es gibt keine Möglichkeit, an irgendetwas festzuhalten.

Du hältst an deiner Frau fest, du hältst an deinem Mann fest, an den Kindern, an den Eltern, an den Freunden. Du hältst an Menschen fest, an Dingen – aber alles ist in einem ständigen Fließen. Du versuchst, einen Fluss in deinen Armen zu halten, doch der Fluss fließt schnell dahin, er eilt auf ein unbekanntes Ziel zu – und du bist frustriert.

Deine Frau verliebt sich in einen anderen – du bist frustriert. Dein Ehemann läuft weg – du bist frustriert. Das Kind stirbt – du bist frustriert. Die Bank macht Pleite, sie geht Bankrott – du bist frustriert. Der Körper wird krank und schwach, der Tod klopft zum ersten Mal an deine Tür – du bist frustriert. Aber all diese Frustrationen kommen durch deine Erwartungen. Du bist selbst dafür verantwortlich.

Wenn du verstehst, dass dies hier kein bleibender Wohnsitz ist und dass du ein heimatloser Wanderer bist, ein Fremder in einem unbekannten Land, und dass du wieder gehen musst, dass du alles zurücklassen musst… Wenn du diesen Punkt durchschaut hast, wenn du das wirklich verstanden hast, wirst du dich nirgendwo mehr häuslich einrichten. Du wirst zu einem heimatlosen Wanderer, einem *Parivrajaka*, vielleicht sogar buchstäblich; das hängt ganz von dir ab. Vielleicht wirst du wirklich zu einem Vagabunden – oder zumindest spirituell.

Ich möchte betonen, dass man nicht tatsächlich zum Vagabunden werden muss. Buddha hat nicht darauf bestanden, dass man zu einem Wanderer werden soll; das musst du ganz klar sehen. Buddha hat nicht gesagt, was man tun soll, ob man ihm buchstäblich folgen soll oder nicht. Millionen sind ihm wirklich gefolgt – sie haben ihr Zuhause und ihre Familie verlassen und wurden tatsächlich zu *Bhikshus*, zu Wandermönchen, die durchs ganze Land zogen und bettelten.

Wenn du das verstehst, brauchst du es nicht so wortwörtlich zu neh-

men. Mir scheint nämlich, dass nur jemand, der diesen Gedanken nicht völlig verstanden hat, tatsächlich zu einem Wanderer wird; ansonsten ist es nicht nötig. Du kannst daheim bleiben, bei deiner Frau und deinen Kindern, und dir dennoch bewusst sein, dass nichts dir wirklich gehört. Bleibe bewusst, dass du nicht dem Anhaften unterliegst. Bleibe bewusst, dass du bereit bist, sobald die Dinge sich ändern, die Veränderung zu akzeptieren, dass du nicht jammern wirst über das, was nicht zu ändern ist, dass du nicht toben wirst und den Verstand verlierst. Das erscheint mir wesentlicher, als tatsächlich zu einem Wanderer zu werden.

Es tief in deinem Bewusstsein zu verstehen, ist genug. Ich betone, dass man ein spiritueller Wanderer werden soll. Es besteht keine Notwendigkeit, den Körper wie ein Bettler durchs Leben zu schleppen. Lass nur deinen Geist den eines Wanderers sein, leg ihn nicht in Fesseln.

24) ÜBERWINDUNG

Mit Sanftmut überwinde Wut,
mit Großzügigkeit überwinde Gemeinheit,
mit Wahrheit überwinde Täuschung.

Meditation ist ein alchemistischer Prozess. Durch Meditation verschwindet nach und nach die Wut, und aus ihrer frei werdenden Energie wird Sanftmut. Vielleicht erstaunt es dich, dass du, wenn du sehr unter Wut leidest, auch ein großes Potenzial für Sanftmut hast. Die Wut zeigt einfach, dass du viel Energie hast. Ein Mensch ohne Wut hat keine Energie. Wer nicht wütend werden kann, kann auch nicht sanft sein.

Mit Großzügigkeit überwinde Gemeinheit. Gemeinheit solltest du nicht unterdrücken, nicht bekämpfen, sondern durch Großzügigkeit transformieren zu einem großzügigen Bewusstsein, liebenden Teilen.

Mit Wahrheit überwinde Täuschung. Kämpfe nicht gegen die Dunkelheit, bring Licht herein! Das ist die Essenz dieses Sutras. Kämpfe nicht gegen das Negative, bring das Positive herein. Und das Positive kommt durch Achtsamkeit – das Negative ist bereits vorhanden. Eure Gesellschaft braucht es, dass ihr negativ seid. Eure Gesellschaft will, dass ihr wütend seid, voller Wut, denn dann kann man euch in den Krieg treiben, in Kreuzzüge – religiöse, politische, ideologische Konflikte –, denn dann kann man euch dahin gehend manipulieren, dass ihr Menschen tötet. Oder man kann euch manipulieren, dass ihr Märtyrer werdet und destruktiv seid gegen euch selbst.

Transformiere das Negative ins Positive. Verwandlung ist möglich. Das Medium, das hierzu gebraucht wird, ist Meditation.

25) JENSEITS VON SORGE

Die Weisen verletzen niemanden.
Sie sind Meister ihres Körpers und gehen in das
grenzenlose Land jenseits von Sorge.

Und wer ist ein Weiser? Nicht der, der viel weiß, sondern der, der viel versteht. Ein Weiser ist nicht jemand, der sämtliche Schriften hervorsprudeln kann. Ein Weiser ist jemand, der seine eigene Wirklichkeit erkannt hat und in diesem Erkennen bewusst geworden ist über das Universum und dessen Schönheit und Intelligenz. Ein Weiser ist jemand, der die Weisheit der Existenz erkannt hat; er ist kein Gelehrter, sondern völlig unschuldig. Wie könnte er jemanden verletzen, wenn er niemanden als getrennt von sich selbst sieht? Er sieht das Ganze als eine Einheit.

Hüte dich vor gelehrsamen Leuten, hüte dich vor den so genannten »Menschen mit Erfahrung«; sie sind nicht weise.

Zwei Frauen sitzen im Wartezimmer eines Arztes und tauschen sich über ihre Beschwerden aus.
»Ich würde so gerne ein Kind bekommen!«, sagt die eine. »Aber ich fürchte, es geht nicht.«
»So habe ich mich auch gefühlt«, sagt die zweite, »aber dann kam alles anders. Deswegen bin ich hier. Ich erwarte ein Baby.«
»Ach, sagen Sie mir doch, wie Sie das gemacht haben!«
»Ich bin zu einem Wunderheiler gegangen.«
»Das habe ich aber auch schon versucht. Mein Mann und ich sind fast ein Jahr lang hingegangen, aber es hat nichts gebracht.«
Da lächelt die andere und sagt mit gesenkter Stimme: »Gehen Sie doch das nächste Mal allein hin, meine Liebe.«

Diese Menschen mit Erfahrung, die angeblich ihr Leben gelebt haben… Sie erscheinen nur weise, sind es aber nicht; sie sind nur gereifte Narren. Sie sind gefährlicher als unreife Narren, weil ein gereifter Narr alle Argumente kennt, um seine Narrheit überzeugend darzustellen.

Der Professor für Strafrecht schloss seine letzte Vorlesung vor den Ferien: »Und meine Herren, bitte merken Sie sich eines: Wenn Sie eine Affäre mit einer Minderjährigen haben, ob mit oder ohne deren Einwilligung, dann ist das Vergewaltigung. Wenn sie eine Affäre mit einer Volljährigen haben, ohne deren Einwilligung, dann ist es ebenfalls Vergewaltigung. Wenn Sie aber eine Affäre mit einer Volljährigen haben mit deren Einwilligung, dann – frohe Weihnachten!«

Solche Leute können euch gute Ratschläge geben. Aber weise in dem Sinne, wie Buddha dieses Wort gebraucht, sind sie nicht. Sie sind genau solche Narren wie ihr, nur mit ein bisschen mehr Erfahrung.

26) DAS GELBE BLATT

Du bist wie das gelbe Blatt.
Die Boten des Todes sind nah.
Du wirst eine weite Reise machen.
Was willst du mitnehmen?

Zwei Ereignisse sind die wichtigsten im Leben: Das eine ist die Geburt und das andere der Tod. Alles Übrige ist Nebensache. Das erste hat bereits stattgefunden, daran lässt sich nichts mehr ändern. Das zweite ist noch nicht eingetreten, aber es kann jeden Moment passieren. Deshalb werden sich diejenigen, die bewusst sind, dafür bereit machen; sie werden sich auf den Tod vorbereiten. Was die Geburt anbelangt, kann man nichts tun, doch was den Tod angeht, kann man sehr viel tun. Aber die Menschen denken nicht mal über den Tod nach, sie meiden einfach das ganze Thema. Es gilt als unhöflich, darüber zu reden. Und selbst wenn man den Tod erwähnt, tut man das mit einer Umschreibung. Wenn jemand gestorben ist, sagen wir nicht, dass er gestorben ist. Wir sagen, Gott habe ihn zu sich geholt, denn Gott habe ihn so sehr geliebt – und wen Gott liebt, den ruft er früher zu sich! Wir sagen, er sei in den Himmel gekommen oder ins Jenseits hinübergegangen. Nur der Körper sei wieder zur Erde zurückgekehrt, aber die Seele, die ist unsterblich!

Habt ihr je gehört, dass jemand in die Hölle gekommen sei? Alle kommen in den Himmel. Wir haben solche Angst vor dem Tod, dass wir ihn um jeden Preis beschönigen wollen. Wir reden in schönen Worten über ihn und umgehen die Tatsache, wo wir nur können.

Aber Buddha kommt immer und immer wieder darauf zu sprechen. Nachdem er erleuchtet wurde, hat er sein ganzes Leben lang, 42 Jahre lang, ständig über den Tod geredet. Er weiß, wovon er redet, er weiß,

dass euch nur eine Sache übrig bleibt, an der ihr etwas ändern könnt und ändern solltet – und das ist der Tod.

Buddha redet ständig über den Tod. Er sagt: *Du bist wie das gelbe Blatt.* Das gelbe Blatt repräsentiert den Tod. Jeden Augenblick kann es herunterfallen. Staub zu Staub – jeden Augenblick kann der Tod von dir Besitz ergreifen. Morgen kommt vielleicht nie, nicht einmal der nächste Augenblick ist sicher. Dieser Moment ist der einzige, dessen du dir sicher sein kannst, schon im nächsten Moment bist du vielleicht nicht mehr hier. Was tust du, um dich auf die Reise ins Unbekannte vorzubereiten?

Der Tod ist mächtig, aber eines kann er dir nicht wegnehmen, und das ist Meditation. Wenn es dir gelingt, in deinem Sein Wurzeln zu schlagen – aufmerksam, bewusst, wach –, dann wirst du sehen: Du bist nicht der Körper, nicht der Verstand und nicht das Herz. Du bist die wahrnehmende Seele, und dieses Gewahrsein wird mit dir gehen. Dann wirst du sogar deinen Tod als Zeuge beobachten. Dieses Zeugesein ist der Ursprung aller Religiosität. Und diejenigen, die zu diesem Ursprung zurückgefunden haben, sind die Erleuchteten, die Buddhas.

27) ZIEHE ALLEIN WEITER

Er verweilt weder bei denen, die ein Zuhause haben,
noch bei denen, die umherziehen.
Wunschlos zieht er allein weiter.

In Indien werden die Menschen traditionell in zwei Gruppen eingeteilt. Es war auch schon zu Buddhas Zeiten so, diese Einteilung ist sehr alt. Buddha trifft noch eine weitere Unterscheidung und ordnet seine Schüler einer dritten Gruppe zu – aber traditionell sind es zwei Gruppen. Die erste ist die der weltlichen Menschen – derjenigen, die »haushalten«, die ein Zuhause haben. Man nennt sie auch deshalb »Haushalter«, weil sie in der Illusion von Geborgenheit und Sicherheit leben – einer Sicherheit, die ihrer Meinung nach durch Geld, Macht und Ansehen kommt, einer Sicherheit, die ihrer Ansicht nach durch Beziehungen kommt. Die Ehefrau dünkt sich sicher mit ihrem Ehemann, der Ehemann dünkt sich sicher mit seiner Ehefrau, die Eltern dünken sich sicher mit ihren Kindern. Diese Sicherheit ist eine Täuschung, denn weder die Familie noch das Geld noch sonst irgendetwas auf dieser Welt kann dich vor dem Tod retten. Wenn der Tod kommt, zertrümmert er alles, zertrümmert er alle deine Sandburgen. Der »Haushalter« lebt in einer Art Traumwelt, in einer Welt seiner Projektionen. Sie ist nicht wirklich, sie entspricht nicht der Realität.

Und die zweite Gruppe ist die derjenigen, die der ersten entsagt haben und ins andere Extrem gegangen sind – die nicht in Häusern leben, die nicht in Familien leben und kein Geld verdienen, ja Geld nicht einmal anrühren. Man nennt sie *Sannyasins*. Es war üblich, dass sie in kleineren oder größeren Gruppen durchs Land zogen.

Doch Buddha sagt: »Ihr habt zwar die kleine Familie aufgegeben und euch einer größeren Gruppe angeschlossen – aber jetzt seid ihr wieder in einer Art Familie. Nichts hat sich geändert. Erst meintet ihr, die kleine Familie sei eure Sicherheit, nun meint ihr, die Gruppe sei eure Sicherheit, aber das alte Sicherheitsdenken ist immer noch da.«

Ein *Sannyasin* zu sein, sagt er, bedeutet, die naturgegebene Unsicherheit des Lebens zu akzeptieren. Dieses Akzeptieren an sich, das ist *Sannyas*, zu akzeptieren: »Ich wurde allein geboren, und ich werde allein sterben, zwischen diesen Polen des Alleinseins sind alle Ideen des Zusammenseins reine Phantasie. Solange ich lebe, bin ich allein.«

Buddha betont immer wieder die Tatsache eures Alleinseins; er will, dass ihr euch dessen bewusst seid. Sobald es dir bewusst ist, wirst du staunen, wie schön es ist und wie viel Freude es bringt. Du wirst keine Angst haben; du wirst es genießen, denn es liegt eine Freiheit und eine Ekstase darin, es liegt eine Reinheit und Unschuld darin.

Das Leben ist von Natur aus unsicher, daher rührt die simple Logik, dass die, die lebendiger sein möchten, sich im Leben mehr auf die Unsicherheit einlassen müssen. Je größer die Unsicherheit, umso lebendiger wirst du sein; je größer die vermeintliche, so genannte Sicherheit, desto weniger wirst du lebendig sein.

Das ist der Grund, warum du so viele wandelnde Tote auf der Erde siehst; sie sind fast tot, weil sie sich der Idee der Sicherheit verschrieben haben. Und je mehr du tot bist, desto sicherer bist du: Mach nichts, was irgendeine Unsicherheit zur Folge hat, bleib beschränkt auf das Vertraute, geh niemals über deine Grenzen hinaus. So wirst du niemals erleben, welche Ekstase es bedeutet, sich jenseits der Limitierungen zu begeben. Du wirst niemals die Ekstase kennen lernen, die damit einhergeht, wenn man das Unbekannte und das Unfassbare erkundet.

Buddha zufolge sind beide Kategorien von denselben Leuten bevölkert; sie gelten als entgegengesetzte Extreme. Doch lass dich nicht täuschen. Sie stellen keine wirklichen Gegensätze dar; sie haben nur gegensätzliche Formen der Sicherheit gewählt.

Wunschlos zieht er allein weiter: Der wirkliche Sannyasin hat kein Begehren, nicht einmal das Verlangen, zu leben. Daher fürchtet er nicht den Tod. Er hat weder in dieser noch in anderen Welten ein Verlangen. Daher ist er nicht gefangen in der Beschäftigung damit, alle möglichen Sicherheiten um sich herum zu schaffen. Er kann allein sein, vollkommen allein. Er versucht nicht, clever zu sein und die Existenz zu überlisten; er vertraut der Existenz. Er geht allein – das ist allerdings kein rein äußerlicher Vorgang, er muss auch innerlich vollzogen werden.

Allein zu sein, das ist die Basis für den Meditierenden – die Erfahrung des Alleinseins zu machen, einfach still dazusitzen und du selbst zu sein, einfach nur mit dir selbst zu sein, ohne dir Gesellschaft zu wünschen, ohne dich nach einem Du zu sehnen. Du genießt einfach dein

Dasein, genießt dein Atmen, genießt dein Herzklopfen. Du genießt den inneren Einklang, die Harmonie. Du genießt einfach, dass du bist, und in dieser Freude bist du vollkommen still.

28) TU DEINE ARBEIT

Lebe in Liebe. Tu deine Arbeit.
Beendige deine Sorgen.

Ein Buddha ist ein Schöpfer, ein Jesus ist ein Schöpfer. Ihre Worte, ihre Taten sind die einzigen Beweise dafür, dass es Gott gibt. Ihre Anwesenheit ist schöpferisch; durch ihre reine Präsenz sind Tausende von Menschen transformiert worden. Buddha ist kein »Realitätsflüchtiger«, er kann es gar nicht sein. Kein erwachter Mensch kann der Wirklichkeit entfliehen. Feiglinge machen sich aus dem Staub; couragierte Menschen engagieren sich.

Ein Buddha ist nicht gegen die Liebe, er ist nicht gegen Kreativität, und er ist auch nicht gegen die Arbeit. Tu deine Arbeit – denn wenn du deine Tätigkeit, die mit deinem Herzen übereinstimmt, nicht ausführst, bleibst du unerfüllt. Und der Meditierende findet unmittelbar heraus, welche Arbeit ihm gemäß ist. Er findet aus dem Inneren heraus, welche Beschäftigung die richtige für ihn ist. Er braucht nicht darüber nachzudenken. Es ist so klar und schreit so laut, dass er weiß, er muss ein Musiker, ein Dichter oder dies und das werden. Er hat keinen Zweifel. Und dann beginnt er mit der Arbeit. Diese Arbeit ist seine Meditation.

Viele Menschen fürchten sich vor der Arbeit. Sie wissen nicht, dass es eine Arbeit gibt, die sich von derjenigen, die sie bisher kennen, völlig unterscheidet. Und diese Arbeit kann eine Meditation werden.

Und wenn du deinen Starrsinn, dein Ego aufgeben kannst, vergeht auch der Hass; denn Hass ist nichts anderes als der Schatten deines Egos. Wenn es kein Ego gibt, gibt es keinen Hass. Gibt es ein Ego, folgt ihm stets der Hass – gegenüber jedem, der sich ihm in den Weg stellt. Und jeder wird dies tun, denn Egos können sich nicht abstimmen. Egos sind immer im Konflikt, streiten unaufhörlich; daher rührt der Hass.

Gib das Ego auf und erkenne die Schönheit der Egolosigkeit. Denn dann gibt es keinen Hass, keinen Zorn. Du wirst so still, deine Energie wird so ruhig und leise, dass du die Welt plötzlich in einem ganz anderen Licht siehst, aus einer anderen Perspektive. Dann ist diese gewöhnliche Welt nicht länger gewöhnlich – sie wird heilig.

29) NICHT IM HIMMEL

Der Weg ist nicht im Himmel.
Der Weg ist im Herzen.

Schau nach innen. Beobachte, wie viel Eifersucht, wie viel Ärger, wie viele begehrliche Wünsche dort brodeln. Beobachte sie nur!

Und es ist der großartigste Beitrag Buddhas, dass er gesagt hat – und er hat es über jeden Zweifel erhaben bewiesen, denn es hat schon bei Tausenden funktioniert –: Ein tiefes Beobachten von allem, was falsch an dir ist, genügt. Du musst nichts anderes tun. Werde dir einfach dessen bewusst, dann verschwindet es. Es entweicht genauso, wie die Dunkelheit verschwindet, wenn man Licht ins Zimmer bringt.

Werde bewusst, erwache! Dann wirst du sehen, wie alles kommt und geht; alle Dinge kommen und vergehen wieder. Das Leben ist eine ständige Bewegung. Dein Bewusstsein ist das Einzige, was unbewegt ist, was ewig ist. Dies zu erlangen, bedeutet Freiheit. Dies zu erlangen, ist das Ziel des Lebens.

30) ERWACHE FÜR IMMER

Alle Dinge entstehen und vergehen wieder,
aber die Erwachten erwachen für immer.

Das Leben kann auf zwei Arten gelebt werden: als Aufstieg oder als unaufhörlicher Abstieg… Beim Abstieg wirst du von den unbewussten Kräften der Schwerkraft gezogen; es kostet keine Mühe. Du versuchst nicht, die Gipfel zu erreichen, du bist einfach wie ein Felsen, der bergab rollt. Natürlich erscheint das einfach, bequem, angenehm. Wenn du dich an die Gesellschaft anpasst, wenn du nach der Tradition lebst, wenn du der Masse folgst, scheint das Leben einfach – aber der Preis dafür ist hoch! Du wächst nicht. Du verpasst das Ganze, denn das Leben hat nur eine Bedeutung, wenn es ständiges Wachstum bringt.

Der Mensch ist als einziges Tier in dieser Existenz zur Evolution fähig. Charles Darwin sagt, die Affen hätten sich weiterentwickelt zum Menschen. Ich stimme dem nicht zu, ich kann dem nicht beipflichten. Nicht, dass ich etwas gegen Affen hätte – das sind nette Tiere! Aber wenn es wahr wäre, was er sagt, warum sind dann nicht alle Affen zu Menschen geworden? Seit Millionen von Jahren sind die Affen Affen geblieben. Wieso entwickeln sie sich nicht weiter? Zumindest hätten sie inzwischen ein paar erste Schritte machen können, aber sie sind genau die gleichen wie eh und je.

Nur wenn man die Politiker beobachtet, kann man Beweise für die Theorie von Charles Darwin finden. Dann kommt der Verdacht auf, er könnte Recht haben – aber sonst nicht! Die Affen sind Affen geblieben.

Im Grunde ist Darwins ganze Theorie nur eine Vermutung; sie ist wissenschaftlich überhaupt noch nicht erwiesen. Und spirituell wird sie niemals erwiesen sein, denn diejenigen, die über das spirituelle Wachstum des Menschen Bescheid wissen, sind eindeutig zu dem Schluss gelangt: Der Mensch unterscheidet sich von allen anderen Lebewesen auf dieser Erde. Er ist das Tier, das sich weiterentwickelt. Kein anderes Tier entwickelt sich weiter; sie bleiben immer gleich. Die Tiere sind sehr konformistisch; sie gehen nie über ihre Erbanlagen hinaus. Sie überschreiten nie die Grenze dessen, was ihnen ihre angeborenen Instinkte erlauben; sie tun nie etwas, was über das Instinktive, Unbewusste hinausgeht.

Allein der Mensch ist imstande, einen Buddha, einen Laotse, einen Jesus, einen Bahauddin hervorzubringen. Und nur wegen dieser Buddhas können wir sagen, dass der Mensch die Fähigkeit hat, ein Gott zu sein. Der Mensch besitzt ein unerschöpfliches Potenzial.

Aber dann kannst du dir kein einfaches Leben mehr machen. Du kannst nicht mehr nur Rotarier oder Lion, Hindu oder Moslem sein. Du kannst nicht mehr nur der Masse folgen. Massen folgen ihrem Instinkt; sie kennen nichts, was sich jenseits dessen befindet. Ihr Dasein ist einfach. Wenn du zu ihnen gehörst, wird auch dein Leben leicht sein, aber ohne Wachstum. Doch das Einzige, was im Leben zählt, ist Wachstum: Wenn du es unterlässt, dich auf den höchsten Gipfel der Gottwerdung zuzubewegen, verpasst du eine gewaltige Chance.

31) DER WEG DES GESETZES

Wenn du deinen Kurs auf Biegen oder Brechen verfolgst, verfehlst du den Weg des Gesetzes.

Das Ego ist immer aggressiv; es kann nur durch Aggression existieren. Es wirbelt so viel Staub auf, erzeugt so viel Dampf, einen solchen Nebel, dass du nichts sehen kannst. Es macht dich blind. Es wirbelt dich herum, macht dich ganz schwindlig. So strebt das Ego stets nach mehr

und mehr Macht, mehr und mehr Power. Es will die Dinge absolut mit Gewalt erzwingen.

Das Ego ist ein Faschist, totalitär und diktatorisch. Es wünscht keinerlei Rebellion gegen sich selbst. Es macht sofort jede Möglichkeit zunichte, dass du dich von ihm befreien könntest. Schon der kleinste Same der Rebellion… und es tilgt ihn aus. Ständig ist es auf der Hut. Ständig versucht es, dich so beschäftigt zu halten, dass dir nie bewusst wird, in was für einer Sklaverei du lebst. Und das Ego ist so raffiniert, dass es dich überzeugt: »Ich bin du.«

Sobald also der Gedanke auftaucht, das Ego fallen zu lassen, hast du sofort das Gefühl, deine Identität zu verlieren. Doch das Ego ist nicht deine Identität. Das Ego ist schuld daran, dass du nicht erkennen kannst, wer du in Wirklichkeit bist. Das Ego ist das Hindernis. Es hält dich auf Trab und treibt dich an zu solcher Hast, dass du nie Zeit hast, die Dinge zu überdenken, darüber nachzusinnen und zu meditieren, um zu sehen, was du da eigentlich machst. Es lässt dir keine Zeit, zu sehen. Es macht dich verrückt und hält dich in Aktion, ununterbrochen mit dem einen oder anderen Wunsch beschäftigt. Ständig hält es neue Wünsche bereit, damit bloß keine Lücke entsteht, denn in der Lücke könntest du hinschauen und die Stupidität deines Lebens, den totalen Wahnsinn deines Lebens erkennen. Und wenn du ihn einmal gesehen hast, kannst du nicht mehr darin bleiben. Du wirst herausspringen! Du hast gesehen, dass dein Haus in Flammen steht.

Buddha sagt: *Wenn du deinen Kurs auf Biegen oder Brechen verfolgst, verfehlst du den Weg des Gesetzes.* Du verfehlst den ganzen Sinn des Daseins, denn diese Existenz in ihrer Schönheit und Herrlichkeit ist nur für jene verfügbar, die auf entspannte Weise leben. Nicht mit Gewalt und mit Hast, nicht im Laufschritt und mit Eile. Sie ist nur jenen zugänglich, die nicht ehrgeizig sind und nichts in eine noch nicht eingetroffene Zukunft investieren. Sie ist für jene verfügbar, die sich im gegenwärtigen Augenblick ausruhen und so entspannt in ihm zu Hause sind, als ob es keine andere Zeit gäbe. Dieser Moment ist alles…

Wenn du mit Hast vorgehst, verfehlst du es. Wenn du dich zu sehr beeilst, bist du unfähig, zu sein. Dann sind deine Augen vernebelt, und du bist angespannt. Dann ist dein Verstand so voll von Wünschen, Ehrgeiz, Leistungsdruck, dass du nicht sehen kannst, was ist. Dann sehnst du dich immer nach dem, was sein *sollte.*

Üblicherweise ist das »Sollte« wichtiger geworden als das »Ist«. Wie etwas sein »sollte«, ist wichtiger geworden als das, was tatsächlich ist. Doch die Existenz ist das, was ist; die Wahrheit ist das, was ist.

32) OHNE HAST

Betrachte still, was richtig und was falsch ist.
Empfange alle Meinungen gleichermaßen,
ohne Hast, weise, beachte das Gesetz.

Wenn Buddha sagt: »Meditiere«, dann meint er: Denke nicht. Lass alle Gedanken fallen und sieh! Denn wenn du denkst, bringst du deine vorgefassten Meinungen mit hinein. Wenn du denkst, bringst du deine Schlussfolgerungen aus der Vergangenheit mit hinein. Wenn du denkst, ist dein Verstand in Aktion – und Verstand bedeutet Vergangenheit, aber die Vergangenheit lässt dich nie die Gegenwart sehen. Das Denken muss aufhören, damit Meditation geschehen kann. Das Denken muss abwesend sein. In diesem Zustand des Nichtdenkens kannst du *sehen.*

Buddha sagt: Meditiere still. Sei still und sieh. Und in diesem Sehen wirst du wissen – ohne logischen Denkvorgang wirst du einfach wissen: So ist das. Das ist gut, und das ist schlecht. Du brauchst dazu keine

Bibel und keinen Koran und keine Gita. Wenn du Augen hast, dann weißt du, wo die Wand und wo die Tür ist. Musst du etwa darüber nachdenken? Musst du jedes Mal, wenn du aus dem Zimmer gehst, erneut darüber nachdenken, wo die Tür ist und wo die Wand? Du gehst einfach durch die Tür, ohne nachzudenken, denn du kannst sehen! Aber wenn du blind bist, musst du jedes Mal überlegen: »Wo ist die Tür?« Du wirst nach der Tür tasten müssen. Denken ist ein Zustand von Blindheit, ein Tasten im Dunkeln. Meditation ist ein Zustand, in dem du Augen hast; du kannst sehen. Und wenn du siehst, was richtig und was falsch ist, kannst du nicht gegen das Richtige handeln.

Ein Meditierender befolgt auf natürliche Weise das, was gut ist – nicht, dass er sich dazu entschließen müsste, es zu befolgen. Und auf natürliche Weise vermeidet er das, was schlecht ist – nicht, dass er sich dazu entschließen müsste, es zu vermeiden. Ein Meditierender legt keine Gelübde ab – dazu besteht keine Notwendigkeit. Wer Augen hat, braucht nicht zu geloben: »Ich will immer nur durch die Türe ein und aus gehen. Ich verspreche dir, Gott, dass ich niemals versuchen werde, durch die Wand hereinzukommen. Glaube mir, ich bin jemand, der sein Wort hält. Ich gelobe es, obwohl ich weiß, dass es viele Versuchungen geben wird.« Wenn jemand so spräche, würdest du lachen: »Was redet er für einen Unsinn! Was für Versuchungen?« Warst du je versucht, durch eine Wand ein oder aus zu gehen?

Buddha sagt: *Empfange alle Meinungen gleichermaßen* – ganz ohne Vorurteile, ohne vorgefasste Meinung. Höre einfach hin und beobachte alles, was da ist. Sei ein reiner Spiegel – das ist Meditation. Und ohne Hast, denn wenn du hastig bist, wirst du dich auf eine Schlussfolgerung stürzen. Dann geht es dir nicht wirklich um die Wahrheit, sondern um ein Ergebnis, das dir Sicherheit gibt und das Gefühl, dass du Bescheid weißt. Es überdeckt nur deine Unwissenheit.

Das ist der Grund, warum die Leute so schnell bereit sind, einer Kirche anzugehören. Sie sind nicht bereit, frei zu sein.

Ohne Hast, weise, beachte das Gesetz. Hab keine Hast. Wenn du hastig bist, könntest du eine Entscheidung treffen, die nicht stimmt. Allein aus dem Wunsch, zu einer Entscheidung zu gelangen, könntest du einen Schluss ziehen und anfangen, irgendetwas zu glauben. Ein wahrer Suchender ist bereit, zu warten, er ist sehr geduldig. Selbst wenn es viele Leben dauern sollte, ist er dazu bereit. Die Wahrheit ist es wert, dass du ihr so viel Zeit widmest, wie du kannst.

33) LIEBEVOLL UND FURCHTLOS

Sei still
und liebevoll und furchtlos.

Buddha sagt: *Sei still* – lerne, mehr und mehr still zu sein – und liebevoll; denn wenn deine Stille nicht liebevoll ist, wird sie dich unsensibel machen. Dann wird deine Stille eher die eines Friedhofs sein: leblos, tot. Es wird keine Stille sein, die feiern kann; es wird keine Stille sein, die singen und tanzen kann; es wird keine Stille sein, die zu tausendundeiner Blüte aufblühen kann. Deshalb fügt Buddha sogleich hinzu, dass sie liebevoll sein sollte.

Und Liebe ist nur möglich, wenn du furchtlos bist. Wenn du Angst hast, kannst du nicht liebevoll sein. Wer vor irgendetwas Angst hat – vor dem Tod, der Polizei, dem Richter, der Regierung –, kann nicht lieben.

Und alle Ängste stammen im Grunde von der Angst vor dem Tod. Die Angst vor dem Polizisten ist die gleiche, denn er kann dich töten, er kann dich erschießen. Die Angst vor der Regierung ist nichts anderes als die Angst vor der Staatsgewalt – die Regierung hat mehr Macht, zu töten, als sonst jemand. Was ist die Angst vor dem Richter, vor dem Gesetz? Der Richter hat die Macht, dich lebenslänglich einzusperren. Davor hast du Angst. Aber im Grunde ist es alles Angst vor dem Tod… Und der Tod ist eine Fiktion. Er ist noch nie eingetreten, er tritt niemals ein, und er wird nie eintreten.

Ein Meditierender gelangt dahin, dass er die Unwirklichkeit des Todes erkennt, und in diesem Moment verschwindet alle Furcht. Er wird furchtlos. Wenn du furchtlos bist, bist du weder feige noch tapfer, weil beides seine Wurzeln in der Furcht hat. Der Feigling ist der Furcht unterlegen, und der Tapfere versucht, sie zu besiegen. Doch beide sind in der Furcht verstrickt. Der Furchtlose jedoch hat mit alldem nichts mehr zu tun. Er ist weder feige noch tapfer. Er weiß, dass es keinen Tod gibt, dass es nichts zu fürchten gibt und nichts, weswegen man tapfer sein muss. Das ist eine andere Dimension; damit wird die Dualität von Feigheit und Kühnheit transzendiert.

Sei furchtlos, sei liebevoll, sei still – dann wirst du weise sein.

34) STILLE

Stille macht aus einem Narren keinen Meister.

Das ist eine seltsame Aussage von einem Buddha, nachdem die Stille so sehr gepriesen wurde. Aber der Buddha sagt die Wahrheit, wie sie ist. Er kümmert sich nicht um die Tradition.

In Indien ist die Stille seit Jahrhunderten eine der am meisten gepriesenen Qualitäten. Den Dschaina-Mönch nennt man *Muni* – und *muni* bedeutet »der Stille«. Sein ganzes Bemühen geht dahin, still zu werden, mehr und mehr still. Buddha sagt: Sei kein Narr, die Stille allein wird dir nicht helfen. Sie kann dir höchstens helfen, deine Narrheit für dich zu behalten, aber die Narrheit wird sich so lange anstauen, bis früher oder später das Fass überläuft. Dann kommt es heraus, und es ist besser, es in kleinen täglichen Dosen herauszulassen, als dass es sich so sehr anstauen darf, bis es wie eine Flut hervorbricht.

Das ist auch meine Beobachtung. Leute, die sehr lange Zeit still bleiben, werden sehr dumm, weil ihre Stille nur an der Oberfläche ist. Tief drinnen brodelt das Chaos. Tief drinnen sind sie gleich geblieben – voller Habgier, Eifersucht, Neid, Hass, Gewalttätigkeit. Unbewusst, mit allen möglichen Begierden. Jetzt mögen sie das Jenseits begehren, mögen sie gierig sein nach überirdischen Dingen, mögen mehr an das Paradies als an diese irdische Welt denken. Aber es ist das Gleiche, nur auf eine größere Leinwand projiziert, auf die Ewigkeit. Tatsächlich ist ihre Gier ins Tausendfache gewachsen. Früher gierten sie nur nach kleinen Dingen: Geld, Macht, Ansehen. Jetzt gieren sie nach Gott, *Samadhi*, *Nirvana*. Ihre Gier ist konzentrierter geworden, und gefährlicher.

Was ist also zu tun? Wenn Stille aus einem Narren keinen Meister macht, was dann macht einen Menschen zum Meister? Bewusstheit. Und das Wunderbare ist: Wenn du bewusst wirst, folgt dir die Stille wie ein Schatten. Doch diese Stille ist nicht durch Übung erworben; sie kommt von allein. Und wenn die Stille von allein kommt, hat sie eine ungeheure Schönheit. Sie ist lebendig, in ihrem innersten Kern singt sie. Sie ist liebevoll, sie ist glückselig. Sie ist nicht leer, im Gegenteil, sie ist Fülle. Du bist so erfüllt, dass du die ganze Welt damit segnen könntest. Du kannst immer mehr geben, doch du kannst die Quelle nicht erschöpfen. Aber das geschieht durch Bewusstheit.

Dies ist Buddhas äußerst wesentlicher Beitrag; seine Betonung liegt auf Bewusstheit. Die Stille wird zu einer Begleiterscheinung. Die Stille wird nicht zum Ziel gemacht – das Ziel ist die Bewusstheit.

35) WIE SÜSS ES IST, FREI ZU SEIN!

Schau nach innen – das Heben und Senken.
Welche Seligkeit! Wie süß es ist, frei zu sein!

Buddha hat der Welt eine völlig neue Vision von Meditation gegeben. Vor Buddha war Meditation etwas, was man ein- oder zweimal am Tag machen musste, eine Stunde am Morgen, eine Stunde am Abend, und das war alles. Buddha gab dem ganzen Prozess der Meditation eine völlig neue Deutung. Er sagte: Diese Art von Meditation, die man eine Stunde am Morgen, eine Stunde am Abend, oder auch fünf- oder viermal am Tag macht, hat keinen großen Wert. Meditation kann nicht etwas sein, was du getrennt von deinem Leben einfach für eine Stunde oder für fünfzehn Minuten machen kannst. Meditation muss gleichbedeutend mit deinem Leben werden. Sie muss wie Atmen sein. Man kann nicht eine Stunde am Morgen und eine Stunde am Abend atmen, sonst würde man den Abend nicht erleben. Sie muss so wie das Atmen sein – auch im Schlaf geht der Atem weiter. Selbst wenn du ins Koma fällst, atmest du. Buddha sagt, dass Meditation zu einem solchen kontinuierlichen Phänomen werden muss; nur dann kann sie dich transformieren. Und er entwickelte eine neue Technik für die Meditation.

Vipassana ist sein größter Beitrag für die Welt. Kein anderer Lehrer hat uns solch ein großes Geschenk gegeben. Jesus ist wunderbar, Mahavira ist wunderbar, Laotse ist wunderbar, Zarathustra ist wunderbar, aber ihr Beitrag ist nichts im Vergleich zu Buddhas Beitrag. Selbst wenn man sie alle zusammennimmt, ist Buddhas Beitrag immer noch größer, denn er hat eine so wissenschaftliche Methode gegeben – einfach, aber so tief gehend, dass sie, wenn du dich darauf eingestimmt hast, zu einem konstanten Faktor in deinem Leben wird.

Dann brauchst du »es« nicht mehr zu »*machen*«; nur am Anfang musst du es machen. Sobald du den Dreh heraus hast, bleibt es bei dir; dann brauchst du es nicht mehr zu tun. Dann ist es immer da – bei allem, was du unternimmst. Es wird zum Grundton, zum Hintergrund deines Lebens. Wenn du gehst, gehst du auf meditative Weise. Wenn du isst, isst du auf meditative Weise. Wenn du schläfst, schläfst du auf meditative Weise. Wohlgemerkt, selbst der Schlaf eines Meditierenden hat eine völlig andere Qualität als der Schlaf eines Nichtmeditierenden. Alles verändert sich, weil ein neues Element hinzugekommen ist, das die ganze Perspektive verändert.

Vipassana bedeutet einfach, deinen Atem zu beobachten, auf deinen Atem zu achten. Es ist nicht wie *Pranayama* im Yoga. Es geht nicht darum, den Atem zu einem bestimmten Rhythmus zu verändern, durch tiefes Atmen oder schnelles Atmen. Nein, dein Atem braucht sich überhaupt nicht zu ändern; es hat nichts damit zu tun, wie du atmest. Der Atem dient nur als Stütze für die Achtsamkeit, weil er etwas ist, das kontinuierlich in dir abläuft. Du kannst ihn einfach beobachten; er ist ein äußerst subtiles Phänomen. Wenn du deinen Atem beobachten kannst, wird es dir leicht fallen, auch deine Gedanken zu beobachten.

Das Großartige an Buddhas Beitrag war die Entdeckung der Beziehung zwischen dem Atem und dem Denken. Er war der Erste in der Menschheitsgeschichte, der absolut klar aufzeigte, dass Atmen und Denken tief miteinander verbunden sind. Das Atmen ist die körperliche Seite des Denkens, und das Denken ist die psychische Seite des Atmens. Da ist keine Trennung, es sind die zwei Seiten derselben Münze. Buddha ist der Erste, der vom Körpergeist als einer Einheit spricht. Er redet zum ersten Mal vom Menschen als einem psychosomatischen Phänomen. Er redet nicht von Körper und Geist – er redet von *Körpergeist*. Es sind nicht zwei, darum ist kein »und« nötig, um sie zu verbinden. Sie sind bereits eins – *Körpergeist*: Nicht einmal ein Bindestrich ist nötig; *Körpergeist* ist ein einziges Phänomen. Jeder Körpervorgang hat seine Entsprechung in der Psyche und umgekehrt.

Meditierende stoßen auf einen bestimmten Punkt: Wenn das Denken völlig aufhört, hört auch das Atmen auf. Dann steigt große Angst auf. Habt keine Angst! Viele Meditierende berichteten mir: »Wir haben solche Angst bekommen, große Angst, denn plötzlich wurde uns bewusst, dass der Atem aufgehört hatte.« Wenn der Atem aufhört, denkt man natürlich, der Tod ist nahe, und man stirbt in wenigen Augenblicken. Beim Sterben endet das Atmen, aber der Atem hört auch auf in tiefer Meditation. Darum haben die tiefe Meditation und der Tod etwas Gemeinsames: Der Atem kommt zum Stillstand. Deshalb erfährt jeder, der den Zustand tiefer Meditation erfährt, auch den Tod. Daher verliert der Meditierende die Angst vor dem Tod: Er weiß, dass der Atem aufhören kann und er weiter existiert. Der Atem ist nicht das Leben; das Leben ist ein viel größeres Phänomen. Der Atem ist nur die Verbindung zum Körper. Diese Verbindung kann unterbrochen sein, aber das bedeutet nicht, dass das Leben aufhört. Das Leben ist immer noch da; das Leben hört nicht einfach auf, wenn der Atem verschwindet.

Buddha sagt: Beobachte deinen Atem, und er kann so bleiben, wie er ist, ganz normal. Setz dich still hin und beobachte den Atem. Die Sitzposition kann dabei eine Hilfe sein; die Buddhahaltung, der Lotussitz, ist sehr hilfreich. Wenn die Wirbelsäule aufrecht ist und du im Lotussitz mit gekreuzten Beinen sitzt, ist die Wirbelsäule nach den Kräften der Schwerkraft ausgerichtet, und der Körper kann am besten entspannen. Lass den Körper entspannt am Rückgrat aufgehängt sein, nicht verkrampft. Der Körper sollte locker und entspannt sein, mit aufrechter Wirbelsäule, dann hat die Schwerkraft die geringste Wirkung auf dich.

Darum ist der Lotussitz so wertvoll. Das ist nicht nur ein körperliches Phänomen; es beeinflusst auch die Psyche, es verändert das Denken. Das ist die Haltung, die dich am intelligentesten, am wachsten, am wenigsten schläfrig sein lässt.

Und dann beobachte deinen Atem, den natürlichen Atem. Du musst nicht tief atmen. Verändere den Atem nicht, beobachte ihn einfach so, wie er ist. Aber du wirst dich über eines wundern: Sobald du ihn beobachtest, verändert er sich – denn allein die Tatsache des Beobachtens macht einen Unterschied, und schon ist der Atem nicht mehr gleich.

Bereits geringe Veränderungen im Bewusstsein wirken sich sofort auf deinen Atem aus. Du wirst es bemerken: Immer wenn du beobachtest, kannst du sehen, dass der Atem ein bisschen tiefer wird. Wenn es von allein passiert, ist es in Ordnung, aber du solltest es nicht willentlich herbeiführen. Wenn du deinen Atem beobachtest, wirst du erstaunt sein, wie er nach und nach ruhig und still wird – und mit ihm auch dein Verstand. Das Beobachten des Atems wird es dir ermöglichen, auch den Verstand zu beobachten.

Das ist nur der Anfang, der erste Teil der Meditation, der körperliche Teil. Der zweite ist der psychische. Dann kannst du auch subtilere Dinge in deinem Verstand beobachten – Gedanken, Wünsche, Erinnerungen. Und wenn deine Achtsamkeit tiefer geht, beginnt ein Wunder zu geschehen. Wenn du achtsam wirst, ist immer weniger Verkehr im Verstand; er wird immer ruhiger, stiller. Immer öfter gibt es Momente der Stille, immer öfter gibt es Lücken, Pausen. Augenblicke vergehen, und kein einziger Gedanke zieht vorbei. Und mit der Zeit vergehen Minuten, vergehen Stunden… Wenn du 48 Minuten lang absolut leer sein kannst, wirst du erleuchtet. Aber du darfst dich nicht darum bemühen, darfst nicht immer wieder auf die Uhr schauen, denn jedes Mal, wenn du schaust, war schon wieder ein Gedanke da! Dann musst du erneut von Anfang an zählen. Es ist nicht nötig, dass du auf die Zeit achtest.

36) DER STRAHLENDE WEG

Alles entsteht und vergeht wieder.
Wenn du das siehst, bist du jenseits von Sorge.
Dies ist der strahlende Weg.

Der Weg des Gautama Buddha ist der Weg der Intelligenz, des Verstehens, der Bewusstheit, der Meditation. Es ist nicht der Weg des Glaubens; es ist der Weg des Erkennens der Wahrheit selbst. Glaube überdeckt nur deine Unwissenheit, aber er befreit dich nicht von der Unwissenheit. Glaube ist eine Täuschung, der du aufsitzt; er bringt keine Transformation.

Die Leute, die sich für religiös halten, sind nur gläubig, aber nicht religiös. Sie besitzen keine Klarheit, kein Verständnis, keine Einsicht in das Wesen der Dinge. Sie wissen nicht, was sie tun, sie wissen nicht, was sie denken. Sie wiederholen einfach nur Konventionen, Traditionen, tote Worte, die vor langer, langer Zeit gesprochen wurden. Sie können sich nicht sicher sein, ob diese Worte wahr sind oder nicht. Niemand kann sicher sein, solange er nicht selbst zur Erkenntnis gelangt ist.

Es gibt nur eine Gewissheit im Leben, und sie kommt durch die eigene Erkenntnis, das eigene Sehen. Solange das nicht geschieht, gib dich mit nichts zufrieden, bleib unzufrieden. Unzufriedenheit ist göttlich, Zufriedenheit durch Glauben ist dumm. Nur durch göttliches Unzufriedensein wächst man – aber es ist ein steiler Pfad. Der Pfad des Glaubens ist einfach, bequem, angenehm. Du musst gar nichts tun. Du musst nur ja sagen zu den Autoritäten: den Autoritäten der Kirche, des Staates. Du musst nur der Sklave derer sein, die an der Macht sind.

Um aber dem Pfad des Buddha zu folgen, muss man ein Rebell sein. Rebellion ist sein Grundgeschmack, er ist nur etwas für den rebel-

lischen Geist. Aber den haben ohnehin nur die rebellischen Leute, denn nur sie haben eine Seele. Die anderen sind hohl, leer.

Diese Sutras sind von besonderer Schönheit und Wahrheit. Meditiere über sie: Alles entsteht und vergeht wieder. Wenn du das siehst, bist du jenseits von Sorge. Dies ist der strahlende Weg.

Diese Welt ist sehr seltsam. Alles ist vergänglich, aber alle vergänglichen Dinge geben euch die Illusion von Beständigkeit. Alles ist nur eine Seifenblase, wunderbar schillernd im Sonnenlicht, von einem Regenbogen umgeben, einer wunderbaren Lichtaura – aber eine Seifenblase ist eine Seifenblase! Sie kann jeden Moment verschwinden, und zwar für immer. Doch für einen kurzen Augenblick kann sie dich täuschen.

Und das Seltsamste ist, dass du schon tausende Male getäuscht worden bist, aber nie wirst du dir dessen bewusst. Da kommt die nächste Seifenblase, und du wirst ihr wieder glauben! Deine Unintelligenz scheint grenzenlos! Wie viele Male muss es dir noch eingehämmert werden? Wie viele Male müssen deine Träume noch zerplatzen und in sich zusammenfallen? Wie viele Male muss dir das Leben noch beweisen, dass Festhalten keinen Sinn hat? Hör auf zu klammern, dann wirst du jenseits von Sorge sein. Das Festhalten ist die Wurzel all deiner Sorgen.

Buddha sagt: *Alles entsteht und vergeht wieder. Wenn du das siehst…* Er fordert nicht, dass du es glauben sollst. Er behauptet nicht: »Ich bin erleuchtet, und darum musst du alles glauben, was ich sage.« Er sagt nicht: »Weil die Schriften mir Recht geben, musst du mir glauben« oder »Weil ich es dir logisch beweisen kann, musst du mir glauben«.

Sieh die Schönheit dieses Mannes. Er sagt: *Wenn du das siehst, bist du jenseits von Sorge.* Im selben Moment, da du dies siehst – dass alles vergänglich und im Wandel ist und sich alles verändern *muss*… Wenn du das mit eigenen Augen gesehen und durch deine Intelligenz verstanden hast, bist du plötzlich jenseits von Sorge.

Was ist geschehen? Durch dieses Sehen hat sich eine große Revolution ereignet; dieses Sehen an sich ist die Revolution. Du gibst das Festhalten auf. Sobald du sehen kannst, dass es eine Seifenblase ist, hältst du dich nicht mehr daran fest. In der Tat, jedes Festhalten würde die Seifenblase nur noch schneller zum Platzen bringen. Wenn du sie nicht festhältst, kann es sein, dass sie ein bisschen hier bleibt und im Wind tanzt. Wer nichts festhält, kann das Leben genießen. Wer festhält, kann das Leben nicht genießen. Wenn du das *siehst*, kannst du anfangen, alles zu genießen; dann ist alles nur ein Spiel. Dann ist alles völlig verändert – es wird zu einem großen Schauspiel. Die ganze Erde wird zu einer Bühne, auf der jeder seine Rolle spielt.

Schau dich um. Alles ändert sich. Es ist wie ein Fluss, der sich bewegt und bewegt – und du willst ihn aufhalten? Es ist wie Quecksilber. Wenn du es halten willst, wirst du es umso eher verlieren. Versuch nicht, es aufzuhalten. Beobachte es vergnügt, still. Sei Zeuge des Spiels, Traums… und du wirst jenseits von Sorge sein.

37) DER WEG DER INTELLIGENZ

Dasein bedeutet Sorge.
Verstehe das und gehe darüber hinaus.
Das ist der Weg der Intelligenz.

Sorge entsteht durch das Festhalten an vergänglichen Dingen, die du nicht beständig machen kannst. Es liegt nicht in der Natur der Sache. Es ist gegen das universelle Gesetz, es ist gegen das *dhamma*, es ist gegen das Tao. Du kannst nicht gewinnen. Wenn du gegen das universelle Gesetz kämpfst, bist du auf verlorenem Posten. Du verschwendest einfach nur deine Energien. Was geschehen soll, wird geschehen.

Wenn du etwas tun kannst, dann mit deinem Bewusstsein. Du kannst deine Sichtweise ändern. Du kannst die Dinge in einem anderen Licht sehen, mit einer anderen Perspektive, in einem neuen Bezugsrahmen, aber ändern kannst du die Dinge nicht. Wenn du die Welt für sehr real hältst, wirst du leiden. Wenn du die Welt als einen sonderbaren Traum siehst, wirst du nicht leiden. Wenn du in statischen Begriffen denkst, wirst du leiden, wenn du in Substantiven denkst, wirst du leiden. Aber wenn du in Verben denkst, wirst du nicht leiden.

Substantive existieren nicht real, sie existieren nur in der Sprache; in der Realität gibt es keine Substantive, nur Verben, weil sich alles ändert und alles im Prozess ist.

Buddha sagt: *Dasein bedeutet Sorge.* Zu *sein* bedeutet Sorge. Das Ego bedeutet Sorge. Zuerst sagt er: Sieh die Welt als Traum, fluktuierend, sich ständig verändernd, von Augenblick zu Augenblick neu. Erfreue dich daran, erfreue dich an ihrer Neuheit, erfreue dich an all den Überraschungen, die sie bringt. Es ist schön, dass sie sich verändert, nichts ist daran falsch. Halte einfach an nichts fest.

Warum willst du festhalten? Du hältst fest, weil du einer weiteren Täuschung unterliegst: Du denkst, dass du *bist.*

Die erste Täuschung ist, dass die Dinge statisch sind, und die zweite Täuschung ist, dass du bist, dass *du* ein statisches Ego hast. Es gehört zusammen: Wenn du an etwas festhalten willst, muss jemand da sein, der festhält. Wenn du an nichts festhalten musst, braucht niemand da zu sein, der festhält. Lass das tief gehen: Wenn du an nichts festhalten musst, wird das Ego nicht gebraucht – es wäre witzlos. Tatsächlich kann es gar nicht existieren ohne dein Festhalten.

Ein Tänzer existiert nur, während er tanzt. Wenn der Tanz aufhört – wo bleibt dann der Tänzer? Der Sänger existiert nur im Singen. Der Gehende existiert nur im Gehen. Genauso ist es mit dem Ego: Das Ego existiert nur im Festhalten, im Besitzen von Dingen, im Beherrschen von Dingen. Wenn kein Dominieren da ist, kein Wunsch, zu dominieren, kein Wunsch, festzuhalten, kein Wunsch, zu besitzen, beginnt das Ego, sich aufzulösen. Während du äußerlich noch festhältst, beginnt sich innerlich eine neue Klarheit abzuzeichnen. Das Ego mit seinem ganzen Nebel löst sich auf, das Ego mit all seinen Wolken verschwindet. Es kann nicht weiter existieren, weil es nicht mehr genährt wird. Um existieren zu können, muss es festhalten. Dann muss es »mein« und »mir« erschaffen, und so trachtet es ständig, »mein« und »mir« auf jede mögliche und unmögliche Weise zu erschaffen. Wenn du damit aufhörst, Dinge als »mein« und »mir« zu proklamieren, wird das Ego von allein vergehen.

Weder die Ehefrau noch der Ehemann oder die Kinder gehören dir. Alles gehört dem Ganzen. Deine Ansprüche sind idiotisch. Wir kommen in diese Welt mit leeren Händen, und wir gehen aus dieser Welt mit leeren Händen. Dann fühlt man sich plötzlich sehr unsicher, man bekommt Angst. Man möchte lieber voll als leer sein. Es ist besser, voll gestopft zu sein mit allem Möglichen, mit jedem Schrott, als leer zu sein. Leere sieht aus wie der Tod, und wir wollen die Wahrheit nicht hören.

»Ich verlange eine Erklärung von dir, und ich will die Wahrheit wissen!«, brüllte der wütende Ehemann, nachdem er seine Frau mit seinem besten Freund im Bett überrascht hatte.
»Entscheide dich, Georg«, antwortete sie ruhig. »Du kannst nicht beides haben.«

Entweder kannst du die Erklärung haben oder die Wahrheit. Die Leute sind mehr an der Erklärung interessiert als an der Wahrheit, darum gibt es so viele Philosophien. Das sind alles Erklärungen – um die Dinge wegzuerklären, aber nicht, um euch die Wahrheit zu geben, Erklärungen, um euch einzunebeln, damit ihr die Wahrheit nicht sehen müsst. Doch Buddha beharrt darauf, dass du sie *sehen* musst – ohne die Wahrheit zu sehen, kannst du nicht über die Sorge hinausgehen.

38) WORTE

Meistere deine Worte.

Normalerweise ist der Verstand voller Worte – relevante, irrelevante, unsinniges Zeug. Alle möglichen Worte sammeln sich ständig in dir an. Zwei Leute reden miteinander, du bekommst es zufällig mit, und ihre Worte werden in deinem Kopf gespeichert – reiner Zufall. Du hast bloß zwei Leute reden gehört und dich damit belastet. Unterwegs liest du die Schilder und Plakate und nimmst diese Worte in dir auf. Du liest all die unnötige Reklame. Und du tauschst ständig Klatsch aus mit Leuten, obwohl du genau weißt, wie unnütz das ist, reine Verschwendung von Zeit und Energie. Doch die Worte sammeln sich in dir an wie Staub, Schicht um Schicht, und dein Spiegel wird davon ganz trübe.

Buddha sagt: *Meistere deine Worte.* Sei »telegrafisch«. Höre nur auf das, was bedeutsam ist, lies nur das, was sinnvoll ist. Sage nur das, was wesentlich ist. Lass jedes deiner Worte aus deinem Herzen sprechen. Rede nicht einfach nur so daher, als wärst du eine Schallplatte.

Susi sitzt allein auf dem Sofa, als die Mutter hereinkommt und das Licht aufdreht: »Was ist denn los mit dir, Schätzchen?« Was sitzt du hier im Dunkeln? Hast du dich mit Tom gestritten?«
»O nein, ganz und gar nicht, im Gegenteil«, antwortet Susi. »Tom hat gefragt, ob ich ihn heiraten will.«
»Und warum schaust du so traurig?«
»Ach, Mutter, ich weiß nicht, ob ich einen Werbechef heiraten will.«
»Was hast du denn gegen einen Mann, der in der Werbung arbeitet?«
»Wie würdest du dich fühlen mit so einem Heiratsantrag: ›Greif zu, das ist ein einmaliges, megastarkes Exklusivangebot!‹?«

Wie eine Schallplatte! Er ist sich vielleicht überhaupt nicht bewusst, was er da sagt, vielleicht wiederholt er das alles nur aus Gewohnheit. Er ist Experte darin, sein Kopf ist voll davon. Vielleicht spult er es einfach nur ab, ohne zu merken, was er da macht.

Wenn Buddha sagt: *Meistere deine Worte*, dann meint er: Sei bewusst. Weshalb sagst du etwas? Und zu wem? Und welchen Zweck verfolgst du damit? Sei dir darüber klar, sonst sei lieber still.

39) GEDANKEN

Meistere deine Gedanken.

In deinem Verstand tummeln sich alle möglichen Gedanken. Beobachte das mal für ein paar Minuten, dann wirst du dich wundern: Dein Verstand scheint verrückt zu sein! Er springt von einem Gedanken zum nächsten, völlig grundlos. Nebenan bellt ein Hund, und schon hat dein Verstand ein Stichwort: Es erinnert dich an den Hund, den du in deiner Kindheit hattest, und wie dieser Hund starb… und du wirst traurig. Und weil du an den Tod dieses Hundes gedacht hast, fängst du an, über den Tod nachzudenken – und über den Tod deiner Mutter, den Tod deines Vaters. Dann wirst du ärgerlich, weil es mit deiner Mutter ständig Streit gab. Der Hund bellt immer noch, und er hat keine Ahnung, was er da angerichtet hat! Du hast so eine weite Strecke zurückgelegt!

Alles Mögliche kann einen Gedankenstrom in dir auslösen. Es ist die reinste Sklaverei – du bist zufälligen Dingen völlig ausgeliefert. Du bist nicht Herr über dich selbst. Aber ein *Sannyasin*, ein Suchender, sollte der Herr sein. Er denkt nur, wenn er es auch will; wenn er nicht denken möchte, schaltet er einfach seinen Verstand ab. Er weiß, wie man den Verstand an- und ausschaltet.

Du weißt nicht, wie man ihn einschaltet, und du weißt auch nicht, wie man ihn ausschaltet. Der Kopf denkt und denkt. Er fängt in der Kindheit an, zu arbeiten, und er arbeitet immerzu weiter, bis du stirbst. Siebzig Jahre, achtzig Jahre ist er ständig im Einsatz – so viel Arbeit! Da kann man nichts Großartiges von ihm erwarten, denn er ist vollkommen erschöpft. Da ist nicht viel Energie übrig; es leckt an allen Ecken und Enden.

Wenn du ihn abschalten könntest… und darum geht es beim Meditieren: den Verstand abzustellen. Es ist die Kunst, das Denken abzuschalten. Wenn du dazu in der Lage bist, kannst du Energie sammeln. Wenn du jeden Tag für ein paar Stunden ohne Denken sein kannst, wird der Verstand so viel Energie sammeln, dass sie dich jung, frisch, kreativ hält. Diese Energie macht es dir möglich, die Wirklichkeit zu sehen, die Schönheit des Daseins, diese Lebensfreude, dieses Fest.

40) VERWIRRT UND ABGELENKT

Der Tod ereilt den Menschen,
der verwirrt und abgelenkt von der Welt
sich nur um seine Herde und seine Kinder sorgt.
Der Tod holt ihn fort,
so wie eine Flut ein schlafendes Dorf wegreißt.

Die großartigen Fortschritte der Medizin haben uns die Vorstellung gegeben, dass wir für immer leben werden. Gewiss, die Medizin hat uns geholfen, ein bisschen länger zu leben als früher, aber das bedeutet nur: ein bisschen länger das gleiche Unglück, die gleiche Begierde, die gleichen Gelüste, die gleiche Verstrickung.

Die Medizin mag imstande sein, unser Leben zu verlängern. Es erscheint heute sehr gut möglich, dass die Menschen im Durchschnitt mehr als hundert Jahre alt werden können. Es gibt sogar Leute, die glauben, dass man ganz leicht mindestens dreihundert Jahre alt werden kann. Aber wozu? Ob du siebzig oder siebenhundert Jahre alt wirst, du bleibst doch immer der gleiche Dumme. In der Tat, in siebenhundert Jahren kann deine Dummheit noch viel größer werden! Und wenn der Tod siebenhundert Jahre später stattfindet, wen interessiert das schon? Bis dahin ist es noch lang… Die Menschen haben nicht genug Einsicht, um so weit vorauszublicken.

Wir leben von kleinen Dingen umgeben. Unser Blick geht nur so weit, nur ein kleines Stück voraus, gerade weit genug, dass wir weitermachen können. Siebenhundert Jahre! Das würde dazu führen, dass die Religionen von der Erde verschwinden, denn die Menschen sind nicht so intelligent, dass sie sich ihres Todes bewusst bleiben können, wenn er siebenhundert Jahre hinausgezögert wird. Sie sind noch nicht mal intelligent genug, um siebzig Jahre vorauszublicken, geschweige denn siebenhundert Jahre!

Ich kenne Leute, die mit siebzig nicht im Geringsten an Meditation interessiert sind. Seltsam, wirklich seltsam. Kaum zu glauben. Ein Mensch, der sich mit siebzig noch immer nicht für Meditation interessiert? Das heißt, er ist noch nicht in der Lage gewesen, den Tod wahrzunehmen, und der Tod ist schon so nah! Er kann jeden Moment eintreten.

Buddha möchte, dass du ständig den Tod vor Augen hast. Du darfst ihn aber nicht für einen Pessimisten halten. Du darfst ihn nicht für todesbesessen halten – nein, überhaupt nicht. Er möchte nur, dass du dich an den Tod erinnerst, damit das Schwert des Todes, das über dir hängt, dich wach hält und bewusst macht.

41) AUF EWIG GEBUNDEN

Wenn du glücklich bist auf Kosten von eines anderen Glück, wirst du auf ewig gebunden sein.

Von Anfang an wird jedes Kind mit dem Gift des Konkurrenzdenkens verdorben. Bis es endlich von der Universität kommt, haben wir es vollkommen vergiftet. Wir haben es hypnotisiert mit der Vorstellung, dass man gegen die anderen kämpfen muss und dass das Leben ein Kampf um das Überleben des Stärkeren ist. So kann das Leben nie zu einem Fest werden. So kann es nie die Qualität von Heiligkeit bekommen. Dann ist alles nur gemein und hässlich.

Buddha sagt: *Wenn du glücklich bist auf Kosten von eines anderen Glück, wirst du auf ewig gebunden sein.*

Natürlich: Wenn du auf Kosten eines anderen glücklich bist… nur so kannst du glücklich sein, anders ist es gar nicht möglich. Wenn du eine schöne Frau findest und es irgendwie schaffst, dass sie dir »gehört«, dann hast du sie allen anderen weggeschnappt. Wir machen es, dass alles immer so schön wie möglich aussieht, aber das ist nur die äußere Fassade. Doch jetzt werden die anderen, die in dem Spiel die Verlierer sind, wütend und voller Zorn sein. Sie werden auf ihre Gelegenheit warten, um sich zu rächen.

Was auch immer du auf dieser Welt besitzt, besitzt du auf Kosten anderer, auf Kosten von anderer Leute Wohlergehen. Es kann gar nicht anders sein. Wenn du in dieser Welt wirklich ohne Feindseligkeit leben willst, musst du alles Besitzdenken aufgeben. Benutze alles, was dir im Augenblick zur Verfügung steht, aber sei nicht Besitz ergreifend. Versuche nicht, es als dein Eigentum zu beanspruchen. Nichts gehört dir, alles gehört der Existenz.

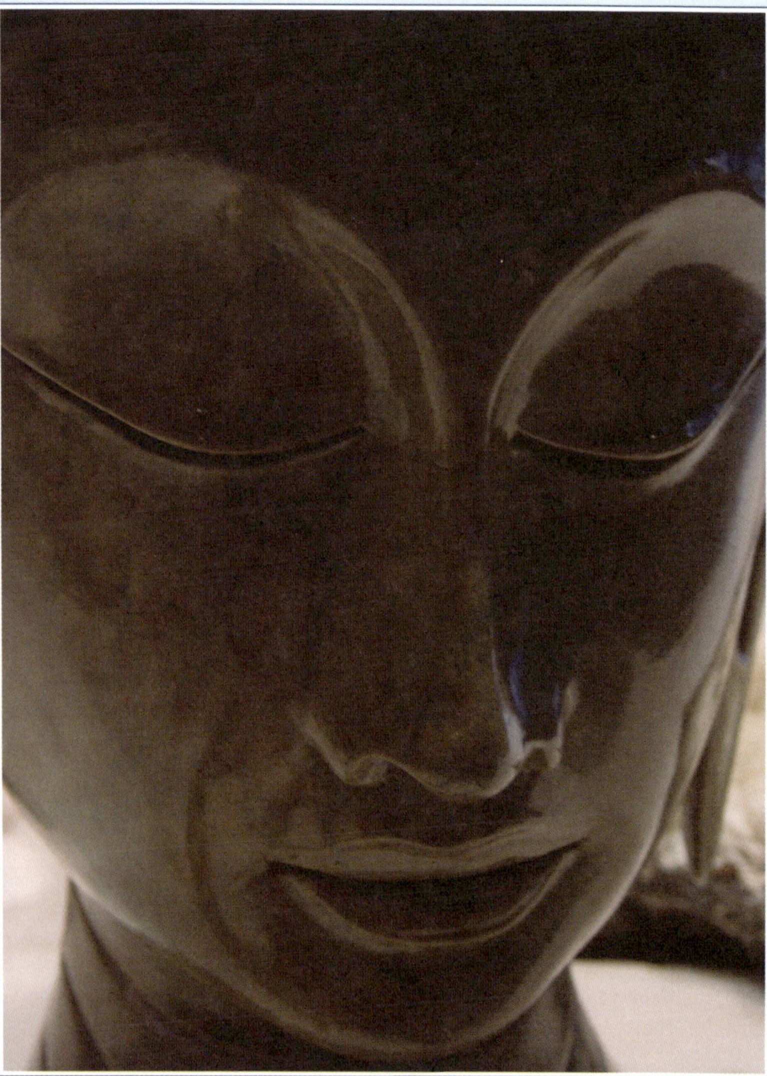

Aber das ist alles, was wir kennen, was die Welt uns beigebracht hat – zu besitzen, zu beherrschen, mehr zu haben als andere. Ob es Geld ist oder Tugend, macht dabei keinen Unterschied. Egal, mit welcher Art von Münze du handelst, ob weltlich oder überweltlich, auf jeden Fall sei schlau, sonst wirst du ausgenutzt! Nutze andere aus, aber lass dich nicht selbst ausnutzen! Das ist die subtile Botschaft. Und jede Schule, jedes College, jede Universität beruht auf dem Konkurrenzdenken.

Wahre Erziehung wird euch nicht beibringen, zu konkurrieren, sie wird euch lehren, zu kooperieren. Sie wird euch nicht beibringen, zu kämpfen, um Erster zu werden. Sie wird euch auffordern, kreativ, liebevoll, glücklich zu sein, ohne euch mit irgendjemand anderem zu vergleichen. Sie wird dir nicht beibringen, dass dein Glück davon abhängt, Erster zu werden. Das ist reiner Schwachsinn. Nur deswegen, dass man Erster wird, ist man noch nicht glücklich. Doch in dem Ehrgeiz, zu gewinnen, nimmst du so viel Leiden auf dich, dass du dich völlig an das Leiden gewöhnt hast, bevor du endlich Erster wirst.

Wahre Erziehung wird dich nicht lehren, Erster sein zu müssen. Sie wird dir sagen, du sollst genießen, was immer du tust, nicht wegen des Ergebnisses, sondern wegen des Tuns an sich. Nur dann kann die Existenz dich durchfließen. Nur dann kann sie deine Hände, deine Finger, deinen Malpinsel führen. Nur dann kann etwas von überragender Schönheit geboren werden.

Es kommt nie *aus* dir heraus, sondern nur *durch* dich hindurch. Die Existenz befindet sich im Fluss; du bist lediglich eine Passage. Du erlaubst, dass es geschieht, du behinderst sie nicht, das ist alles.

Denk überhaupt nicht an das Ergebnis. Tu einfach das, was du machst, mit allem, was du bist. Verliere dich darin. Lass im Tun den Tuer verschwinden. Hör auf, »jemand« zu sein – lass die schöpferischen Energien ungehindert fließen.

42) LANG IST DIE STRASSE

Und wie lang ist die Straße für den Wanderer,
der schon so viele Leben wandert!
Lass ihn zur Ruhe kommen.
Lass ihn frei sein vom Leiden.
Lass ihn nicht ins Leiden fallen.

Und wie lange du schon wanderst! Wann wirst du endlich beschließen, aufzuwachen? Du hast lange genug geschlafen. Es ist Zeit, aufzuwachen und anzufangen, das Leben auf eine völlig neue Art zu leben, von innen her. Entzünde in deinem Innern eine Flamme der Bewusstheit, dann wird überall, wo du bist, Freude sein. Du brauchst Ruhe, du bist genug gewandert. Du bist müde, total müde, erschöpft, gelangweilt. Jetzt ist die richtige Zeit. Leide nicht mehr, falle nicht immer und immer wieder ins Leiden. Ins Vergessen zu fallen, ist Leiden; sich zu erinnern, heißt, aus dem Leiden herauszukommen. Und Ruhe ist der wichtigste Schritt für das Erinnern, für die Bewusstheit. Entspannung ist die ganze Kunst der Meditation ebenso wie der Glückseligkeit.

Wie kannst du zur Ruhe kommen mit so vielen Wünschen? Sie ziehen dich in alle Richtungen. Du kannst nur zur Ruhe kommen, wenn du das Geheimnis der Wunschlosigkeit lernst. Wenn du es verstehst, ohne jede Zukunft von Augenblick zu Augenblick zu leben. Wenn du lernst, ohne Hoffnung auf die Zukunft zu leben. Wenn du konzentriert in der Gegenwart lebst, völlig absorbiert von diesem Augenblick. Wenn du dir keine Sorgen um die Vergangenheit oder die Zukunft machst – ganz entspannt, in Ruhe. Dann sind Meditation und Glückseligkeit leicht – sie entstehen spontan aus einem ruhevollen Herzen, aus einem entspannten Sein.

43) SITZEN, RUHEN, ARBEITEN

Sitze. Ruhe. Arbeite.

»Zazen« bedeutet, einfach zu sitzen und nichts zu tun. Als Erstes musst du sitzen lernen – mit einer tiefen Ruhe. Werde zu einem See der Ruhe, ohne jedes Kräuseln des Begehrens, ohne Ehrgeiz, ohne Ziel – nicht einmal Gott, nicht einmal *Nirvana.*

Sitze… nicht nur körperlich, auch psychisch, auch spirituell. Lerne, zu sitzen; das ist Zazen. Und: *Ruhe* – sinke in eine tiefe Ruhe: Der Atem geht natürlich, der Körper beruhigt sich, das Fieber des ständigen Begehrens verschwindet, der ganze Aufruhr löst sich auf.

Und dann: *Arbeite* – diese Arbeit wird eine völlig andere Qualität haben. Sie kommt aus dem Begehren heraus; sie ist reine Kreativität. Sie ist da, weil du so viel Energie zur Verfügung hast, dass du sie mit der Welt teilen möchtest. Du willst etwas erschaffen, was diese Welt ein bisschen schöner, ein bisschen ekstatischer, ein bisschen menschlicher macht.

Sitze. Ruhe. Arbeite. Lass diese drei Worte tief ins Herz sinken. Lerne, still dazusitzen, in dir ruhend, ohne inneren Kampf, ganz entspannt. Nicht in einer Yogahaltung, wohlgemerkt, denn sie erfordert ständige Anstrengung. Setz dich so hin, wie du am besten entspannt sein kannst – auch ein Stuhl ist dafür geeignet.

Buddha pflegte auf dem Boden zu sitzen; das war zu jener Zeit einfach. Du kannst in jeder beliebigen Haltung sitzen. Es geht nicht um die Stellung, es geht um die innere Ruhe und Entspanntheit.

Komm zur Ruhe… Und wenn sich die Energie in dir sammelt, dann werde kreativ. Dann male, singe, tanze oder tu, was immer dir Spaß macht, um diese Welt ein bisschen schöner, ein bisschen wärmer zu gestalten. Wir müssen ein Paradies auf Erden schaffen.

44) STAUB AUF DER STRASSE

Tu, was du zu tun hast,
mit Entschlossenheit, von ganzem Herzen.
Wer auf dem Wege zögert,
wirbelt nur den Staub der Straße auf.

Buddha sagt: *Tu, was du zu tun hast, mit Entschlossenheit…* Aber mit Entschlossenheit ist nicht der Wille gemeint, wie normalerweise die Bedeutung in den Wörterbüchern lautet. Buddha ist gezwungen, unsere Wörter zu gebrauchen, aber er verleiht ihnen eine neue Bedeutung. Mit »Entschlossenheit« meint er: nicht aus Willenskraft, sondern aus einem entschlossenen Herzen. Und beachte, er betont das Wort »Herz«, nicht den Verstand. Der Wille gehört zum Verstand. Ein »ent-schlossenes« Herz ist ein Herz ohne Probleme, ein Herz, das nicht mehr »ver-schlossen« ist, ein ungeteiltes Herz, ein Herz, das einen Zustand der Stille und Ruhe erlangt hat. Das nennt er ein entschlossenes Herz.

Tu, was du zu tun hast, mit Entschlossenheit, von ganzem Herzen. Beachte die Betonung auf dem Herzen. Der Verstand kann nie eins sein; er ist seinem Wesen nach geteilt. Doch das Herz ist immer eins; seinem Wesen nach kann es nicht geteilt sein. Du kannst kein geteiltes Herz haben, aber du kannst einen geteilten Verstand haben. Wie das? Weil der Verstand im Zweifel lebt, und das Herz lebt in der Liebe. Der Verstand lebt im Misstrauen, und das Herz lebt im Vertrauen. Das Herz vermag zu vertrauen, und Vertrauen eint. Wenn du vertraust, bist du plötzlich in deiner Mitte.

Daher rührt die Wichtigkeit des Vertrauens. Es spielt keine Rolle, ob dein Vertrauen der richtigen Person gilt oder nicht. Es spielt keine Rolle, ob dein Vertrauen missbraucht wird oder nicht. Es spielt keine

Rolle, ob man dich wegen deines Vertrauens betrügt oder nicht. Es besteht jede Wahrscheinlichkeit, dass man dich betrügen wird, denn die Welt ist voll von Betrügern. Aber worauf es ankommt, ist, dass du vertraut hast. Es ist dein Vertrauen, das dich ganz macht, und das ist viel wichtiger als alles andere. Es geht nicht darum, dir vorher sicher zu sein, ob der andere deines Vertrauens würdig ist. Wie kannst du dir sicher sein? Und wen willst du fragen?

Natürlich den Verstand, aber der Verstand kann nur zweifeln, und er wird zweifeln. Er würde sogar einen Menschen wie Christus oder Buddha in Zweifel stellen. Der Verstand kann einfach nicht anders.

Darum merke dir: Vertrauen bedeutet nicht, dass man sich zuerst vergewissern und total absichern muss, bevor man vertraut. Das ist kein Vertrauen, das ist in Wirklichkeit Zweifel: Wenn du alle Möglichkeiten des Zweifels ausgeschlossen hast, dann vertraust du. Aber wenn noch eine Möglichkeit für den Zweifel auftaucht, wirst du wieder zweifeln. Vertrauen existiert trotz allen Zweifels, trotz all dessen, was ein Mensch ist und was er tun könnte. Es kommt vom Herzen, es kommt aus der Liebe.

Zu vertrauen und zu lieben mit entschlossenem Herzen, bewirkt eine Transformation. Dann wirst du niemals zögern. Wenn du zögerst, bleibst du in einem gespaltenen Zustand. Wenn du einen Quantensprung machst, ohne jedes Zögern – oder trotz allen Zögerns –, dann wirst du integriert. Dann verschwindet jede Zögerlichkeit, und du wirst eins. Und eins zu werden, ist die Befreiung: Du bist befreit von der dummen Masse, die in deinem eigenen Innern wohnt, befreit von all deinen vielen Gedanken und Wünschen und Erinnerungen – vom Verstand selbst befreit.

45) WERDE STILL

Wenn du nicht still werden kannst,
was willst du je lernen?
Wie willst du frei werden?

Stell dich auf deine eigene Weise dem Leben und all seinen Fragen und Realitäten, selbst wenn deine eigenen Antworten nicht so großartig sind – sie können es nicht sein. Natürlich kannst du nicht wie ein Buddha antworten, aber wenn du dir irgendeine Antwort von Buddha borgst, wirst du nie so intelligent werden, dass du selbst zu einem Buddha wirst. Natürlich wirst du viele Irrtümer, viele Fehler begehen. Natürlich wirst du oft in die Irre gehen – mach es, keine Sorge! Das Leben ist dazu da, dass man alles Mögliche ausprobiert. Nur durch Ausprobieren, durch viele Irrtümer und viele Fehler lernt man. Wenn du durch dein eigenes Bemühen lernst, wirst du intelligent. Und nur ein intelligenter Mensch kann die Schönheit von Meditation sehen, die Wichtigkeit von Meditation verstehen.

Wenn du nicht still werden kannst, was willst du je lernen?

Wahres Lernen geschieht durch Meditation, nicht durch Studieren. Letzteres ist nur ein Anhäufen von Informationen, aber kein Lernen. Hüte dich stets vor geborgtem Wissen. So wertvoll es scheinen mag, für dich stimmt es nicht, es ist eine Lüge. Für den, der es gelebt hat, ist es keine Lüge. Für einen Buddha ist es die Wahrheit, für Jesus, für Krischna ist es die Wahrheit, aber nicht für dich. Du musst es leben…

Auch Buddha standen die Schriften zur Verfügung. Er hätte Krischna lesen können, es gab die Gita. Und er war sehr gebildet, er war der Sohn eines Königs. Sämtliche Schriften müssen ihm zur Verfügung gestanden haben und alle großen Gelehrten und großen Lehrer. Er hätte jeden Tag die Gita rezitieren können, er hätte sie komplett auswendig lernen und aus dem Gedächtnis aufsagen können – aber dann hätte er es versäumt, zu einem Buddha zu werden.

Und zu Krischnas Zeiten gab es die Veden, aber Krischna borgte sich kein Wissen aus den Veden. Zu Zeiten Jesu gab es das Alte Testament, aber Jesus wollte die Wahrheit selbst herausfinden. Dies ist etwas sehr Wesentliches, das man verstehen muss: Die Wahrheit musst du selbst finden. Nur dann befreit sie dich; sonst wird sie zum Gefängnis – ein schönes Gefängnis, aber dennoch ein Gefängnis.

Und wenn du nicht lernen kannst... *Wie willst du frei werden?* Nur wenn du selbst die Erfahrung der Wahrheit machst, stellt sich die Freiheit ein. Freiheit ist der Duft, den die Erfahrung der Wahrheit mit sich bringt.

46) FOLGE DEM WAHREN WEG

Sieh, was ist.
Sieh, was nicht ist.
Folge dem wahren Weg.

Gautama Buddha hat der Welt die psychologisch fundierteste Religion gegeben. Sie ist unvergleichlich. Keine andere Religion kommt auch nur in ihre Nähe. Ihre Höhen, ihre Tiefen sind unermesslich. Und dass es Buddha gelang, uns eine so wunderbare Vision vom Leben zu geben, hat einen sehr einfachen Grund: Er hat nie geglaubt. Er hat geforscht, er hat untersucht, aber er hat nicht an die Tradition geglaubt, er hat nicht an die Schriften geglaubt, er hat nicht an die Priester geglaubt.

Grundlegend für ihn war: Solange du etwas nicht selbst siehst, weißt du es nicht. Du kannst dir geborgtes Wissen aneignen, kannst sehr gebildet und gut informiert werden, kannst zu einem Gelehrten, einem Schriftkundigen, einem Professor werden – aber dadurch wirst du nicht zu einem Seher. In der Tiefe bleibt deine Unwissenheit weiter bestehen und wirkt sich auf dein ganzes Leben aus. In der Tiefe behältst du dein kindisches »Ich« und bleibst unreif, ungeerdet, unzentriert, nicht integriert. Du wirst nicht zum Individuum, du besitzt keine Authentizität. Du bleibst unecht, falsch und verlogen.

Es ist ein Quantensprung ins Unbekannte. Wenn du nicht an die Tradition glaubst, wenn du nicht an die Schriften glaubst, wenn du an gar nichts glaubst, außer an deine eigene Erfahrung, gehst du allein ins Unbekannte. Es verlangt Mut, es verlangt Courage. Aber nur ein couragierter Mensch kann wirklich religiös sein.

Buddha ist ein Nichtgläubiger. Er ist weder ein Atheist wie Karl Marx oder Friedrich Nietzsche, noch ist er ein Theist wie alle Priester sämtlicher Religionen. Er ist ein Agnostiker. Das heißt, dass er weder glaubt noch nicht glaubt; er bleibt offen. Das ist sein größtes Geschenk an die Welt: gegenüber der Wahrheit offen zu bleiben.

Diesen Weg musst du völlig nackt gehen, ohne alle vorgefassten Meinungen, ohne Ideologie, Vorurteile. Sonst besteht die Möglichkeit, dass du nur deine eigenen Vorstellungen projizierst. Dann siehst du nicht das, was ist, sondern du siehst nur das, was du sehen willst. Dann erzeugst du deine eigene Wirklichkeit, und die muss unwirklich sein. Du musst die Wirklichkeit nicht erfinden, du musst sie nur entdecken. Sie ist ja schon da. Und denke daran: Nicht die Wirklichkeit verbirgt sich – dass du nicht sehen kannst, liegt an deinen Augen, die von vielen Staubschichten bedeckt sind.

Buddha hat der Welt eine nichtmetaphysische Religion gegeben, eine psychologische Religion. Er hilft dir, den Verstand zu verstehen, denn nur durch Verstehen kannst du darüber hinausgehen.

47) LEBE DEN BESCHWERLICHEN WEG

*Es ist süß, den beschwerlichen Weg zu leben
und sich selbst zu meistern.*

Wir leben nicht auf dem beschwerlichen Weg. Wir versuchen nicht, neue Berge, neue Gipfel zu erklimmen. Wir versuchen nicht, Neues zu erforschen. Wir haben uns mehr auf die Bequemlichkeit, auf Geborgenheit und Sicherheit verlegt.

Buddha sagt: *Es ist süß, den beschwerlichen Weg zu leben*. Hast du je die Freude erlebt, den Gipfel eines Berges zu erklimmen? Es ist hart. Du kommst ins Schwitzen, das Atmen wird schwierig, du wirst müde. Doch dann erreichst du den sonnenbeschienenen Gipfel und legst dich ins Gras – welche Entspannung und welche Freude quellen aus deinem Sein hervor! Diese Stille des Gipfels und der steile Aufstieg, und nun bist du angekommen, und diese Freude des Ankommens! Du hättest dich auch von einem Hubschrauber absetzen lassen können, das wäre bequemer gewesen, aber dann gäbe es diese Freude nicht!

Auch Edmund Hillary hätte den Gipfel des Mount Everest mit einem Helikopter erreichen können – das wäre einfacher gewesen –, aber er versuchte es lieber auf dem schwierigen Weg. Und er schreibt: »Nie zuvor hatte ich eine solche Seligkeit erlebt. Als ich den Gipfel erreichte, war ich ganz allein, der erste Mensch auf dem Everest.« Noch nie hatte jemand den Himmel von diesem Punkt aus gesehen, nie hatte jemand die Welt von dieser Stelle aus erblickt. Es war die reinste Ekstase. Er tanzte.

Früher oder später werden Busse dorthin fahren, es wird Hotels und Kinos geben, und alles wird ganz bequem sein. Aber dann darfst du nicht hoffen, die gleiche Ekstase zu erleben wie Edmund Hillary, auch

wenn du an derselben Stelle stehst wie er. Du wirst ein bisschen dumm aussehen, das ist alles. Und du wirst nicht verstehen können, warum dieser Hillary getanzt hat; du kannst keinen Grund dafür sehen. Ringsherum gibt es all die Hotels und Touristenzentren und Führer, und es ist alles vorhanden – die ganze Welt ist da. Du kannst nicht sehen, weshalb er lachte, weshalb er sich so freute, weshalb er tanzte – denn dir ist nicht nach Tanzen zumute.

Das Leben ist nur dann eine Freude, wenn du es unverfälscht lebst, in seiner ganzen Wildheit, wenn du es natürlich und spontan lebst. Sicher gibt es da Schwierigkeiten, gibt es Gefahren, aber sie sind Teil des Lebens, und ohne sie wäre es überhaupt kein Leben. So zu leben, ist der einzige Weg, sich selbst zu meistern.

48) WEISHEIT IST SÜSS

Und Weisheit ist süß,
und Freiheit.

Gautama Buddha redet nicht über Gott, aber er redet über Liebe, Freiheit, Wahrheit, Echtheit. Er redet über die Essenz von Religion. Er verschwendet keinen Atemzug auf Himmel und Hölle, auf die Reinkarnationstheorie. Er interessiert sich überhaupt nicht für die so genannten großen metaphysischen Probleme. Er ist nicht metaphysisch – in gewissem Sinne sogar sehr irdisch. Er meint es ernst. Er gibt dir eine Wissenschaft, die dein Leben transformieren kann. Er ist daran interessiert, eine Alchemie der inneren Revolution zu kreieren, durch die das gröbere Metall in Gold verwandelt werden kann. Seine Religion ist auf ihre Art einzigartig.

Es gibt drei Arten von Religionen auf dieser Welt. Der Dschainismus ist die einzige Religion, die ausgesprochen atheistisch ist. Er leugnet Gott und hebt den Menschen auf seinen höchsten Gipfel. Er erklärt den Menschen zu Gott, und einen anderen Gott gibt es nicht. Abgesehen vom Dschainismus sind alle anderen Religionen theistisch: der Hinduismus, der Judaismus, der Islam, das Christentum. Sie beruhen auf der Vorstellung von Gott; ohne Gott wüssten sie *nicht*, was sie machen sollen. Und tatsächlich wissen sie nicht, was sie machen sollen, denn seit Nietzsche erklärte: »Gott ist tot«, haben die Menschen sich mehr und mehr Nietzsche angeschlossen. Seine Äußerung stellte sich als geradezu prophetisch heraus; sie vertritt den Geist des 20. Jahrhunderts. Und die Religionen, die jahrhundertelang auf dem Gottesbegriff aufgebaut haben, fühlen sich ihrer Basis beraubt – sie liegen im Sterben, welken nur noch dahin.

Buddha ist einzigartig. Er ist weder atheistisch wie der Dschainismus noch theistisch wie die anderen Religionen. Er ist ein unübertrefflicher Agnostiker. Er sagt: Es besteht keine Notwendigkeit, sich über unnötige Dinge den Kopf zu zerbrechen. Denk nur an das Wesentliche, denk an die grundlegenden Dinge, halt dich nicht mit Nebensächlichkeiten auf.

Wenn du authentisch bist, wenn du mitfühlend bist, wenn du meditativ bist, dann wird Gott – sofern es ihn gibt – zu dir kommen. Du brauchst nicht nach ihm zu suchen. Und wenn es ein Paradies gibt, wird es sich in deinem Herzen niederlassen. Es ist unnötig, sich über solche abstrakten Dinge Gedanken zu machen; man verschwendet nur seine Zeit damit. Und wenn du nicht authentisch, nicht meditativ, nicht mitfühlend, nicht weise genug bist – selbst wenn dir Gott begegnete, was würdest du tun? Du würdest dich etwas befremdet fühlen, und Gott würde sich etwas befremdet fühlen, wenn ihr euch gegenübersteht. Ihr wärt beide unnötig in einer seltsamen Situation – was soll man sagen, was soll man tun, was soll man nicht sagen, was soll man nicht tun? Am liebsten würdest du wahrscheinlich davonlaufen, und auch Gott würde sich am liebsten verdünnisieren.

Stell es dir bloß mal vor: Was wirst du tun, wenn dir plötzlich Gott begegnete? Du wirst vor ihm weglaufen, so schnell du kannst!

Buddha schneidet dir einfach dein ganzes Hoffen und Wünschen ab. Er sagt nicht, dass es keinen Gott gibt, er sagt aber auch nicht, dass es einen gibt. Er sagt einfach, es ist irrelevant. Es spielt keine Rolle, ob es ihn gibt oder nicht; es ist absolut unwesentlich. Das Einzige, was eine Rolle spielt, ist deine innere Transformation, und die innere Transformation lässt sich nicht auf morgen verschieben – sie kann jetzt sofort passieren.

Das ist das Problem mit Buddha: Wenn du mit ihm gehst, musst du deine Hoffnungen loslassen, musst du deine Wünsche loslassen. Du musst in der Gegenwart sein, vollkommen still. Dann bekommt das Leben eine neue Farbe, eine neue Freude, eine neue Musik. Dann bekommt das Leben eine neue Schönheit.

49) SEI FREI

In allen Dingen sei ein Meister dessen,
was du tust und was du sagst und denkst.
Sei frei.

Freiheit ist das höchste Ziel wahrer Religion – nicht Gott, nicht das Paradies, nicht einmal die Wahrheit, sondern Freiheit. Das muss man verstehen, denn das ist Gautama Buddhas wesentliche Botschaft an die Welt. Für ihn ist Freiheit der höchste Wert, das *Summum Bonum* – es gibt nichts Höheres als das. Mit Freiheit meint er jedoch keine politische Freiheit, keine soziale Freiheit, keine wirtschaftliche Freiheit. Mit Freiheit meint er die Freiheit des Bewusstseins.

Unser Bewusstsein ist in einer tiefen Abhängigkeit; wir sind gefangen. Unser Gefängnis ist innen, nicht außen. Die Wände des Gefängnisses sind nicht außerhalb von uns; es existiert in der Tiefe unseres Unbewussten. Es existiert in unseren Trieben, es existiert in unseren Begierden, es existiert in unserer Unbewusstheit.

Freiheit ist das Ziel. Bewusstheit ist die Methode, um dieses Ziel zu erreichen.

Und wenn du wirklich frei bist, bist du der Herr und Meister; dann ist die Sklaverei beendet. Für gewöhnlich scheint es, als wären wir frei, aber wir sind es nicht. Es scheint, als hätten wir die Wahl, aber nicht wir treffen die Wahl. Wir werden von unbewussten Kräften dazu gedrängt und genötigt.

Wenn du dich in eine Frau, in einen Mann verliebst – was meinst du: Triffst du die Wahl, ist es deine Entscheidung? Du weißt genau, du kannst dich nicht dazu entscheiden, jemanden zu lieben; du kannst dich nicht zwingen, jemanden zu lieben. Du hast es nicht in der Hand; du bist Sklave biologischer Kräfte. Darum gibt es in vielen Sprachen den Ausdruck: »in Liebe fallen« – sich ver-lieben –, man *fällt* in die Liebe. Du fällst aus deiner Freiheit, du fällst aus deiner Selbstzentriertheit. Wenn die Liebe deine Entscheidung wäre, würdest du in Liebe aufsteigen, nicht fallen. Dann käme die Liebe aus deinem Bewusstsein, und sie hätte eine völlig andere Qualität, eine andere Schönheit, einen anderen Duft.

Gewöhnliche Liebe stinkt – sie stinkt nach Eifersucht, Ärger, Hass, Besitzergreifen. Es ist überhaupt keine Liebe. Die Natur zwingt dich zu etwas, was nicht deine freie Entscheidung ist; du bist nur das Opfer. Darin besteht die Sklaverei. Selbst in der Liebe sind wir Sklaven, geschweige denn in anderen Dingen. Die Liebe erweist sich als unsere großartigste Erfahrung, aber selbst sie besteht nur aus Sklaverei, auch bei ihr gibt es für uns nur Leiden.

Die Menschen leiden an der Liebe mehr als an irgendetwas anderem. Und das größte Leiden besteht darin, dass sie dir etwas vorgaukelt. Sie erzeugt die Illusion, als hättest du die Wahl, aber schon bald erkennst du, dass du keine Wahl hast; die Natur hat dir einen Streich gespielt. Unbewusste Kräfte haben von dir Besitz ergriffen; du bist besessen. Du handelst nicht aus freiem Willen, du bist nur ein Werkzeug. Das ist das erste Unglück, an dem man in der Liebe leidet, und ein Unglück zieht eine ganze Kette von Unglücken nach sich.

Bald wird dir bewusst, dass du vom anderen abhängig geworden bist, dass du ohne den anderen nicht mehr sein kannst, dass du ohne ihn jedes Gefühl für Sinn und Bedeutung verlierst. Der andere wird zu deinem Lebensinhalt, du bist total von ihm abhängig. Darum streiten sich Liebende ständig, weil keiner es mag, vom anderen abhängig zu sein; jeder hasst Abhängigkeit. Niemand mag es, von einem anderen besessen zu werden, denn besessen zu werden, bedeutet, zu einem Objekt reduziert zu werden. Die ganze Menschheit leidet schon allein deshalb, weil jede Beziehung euch kleiner macht, weil sie euer Gefängnis immer enger und enger werden lässt.

Buddha sagt: Dieses Leben ist nicht das wahre Leben. Du *wirst* gelebt, aber du lebst nicht wirklich. Du *wirst* von unbewussten Kräften gelebt. Und solange du nicht bewusst wirst, solange du nicht dein Leben selbst in die Hand nimmst, solange du nicht von deinen Trieben unabhängig wirst, bist du nicht der Meister. Und solange du nicht der Meister bist, gibt es keine Seligkeit, keinen Segen. Das Leben bleibt die Hölle.

50) LASS DEINE SORGEN LOS

O Sklave des Begehrens,
treibe mit dem Strom.
Kleine Spinne, klebe an deinem Netz!
Oder aber lass deine Sorgen zurück
und mach dich auf den Weg.

Die Menschen finden es sehr schwierig, ihre Sorgen hinter sich zu lassen. Oberflächlich betrachtet, sieht das irgendwie nicht richtig aus. Warum sollte man zögern, seine Sorgen hinter sich zu lassen, um sich auf den Weg zu machen?

Es ist aber die schwierigste Sache, deine Sorgen hinter dir zu lassen, weil du schon so lange mit ihnen lebst, du bist mit ihnen auf Du und Du. Mit deinen Sorgen, die dir so vertraut sind, zu leben, fühlt sich so behaglich an, so warm – alte Freunde, und sie nun zurückzulassen! Dann würden plötzlich alle deine Mauern verschwinden, und du fändest dich unter dem offenen Himmel wieder – denn deine Mauern bestehen aus nichts anderem als deinen Sorgen. Dein Gefängnis würde verschwinden! – Und du lebst schon so lange in diesem Gefängnis, schon so viele Leben lang, dass es dein Zuhause geworden ist.

Viele, die aus dem Gefängnis entlassen werden, sind innerhalb von drei bis vier Monaten wieder zurück. Wenn jemand mal im Gefängnis war, zieht es ihn oft zurück, weil das Gefängnis ihm eine gewisse Sicherheit und Geborgenheit gibt. Man braucht sich dort um nichts zu kümmern, braucht sich keine Gedanken über morgen zu machen. Zur rechten Zeit wird das Essen geliefert, zur rechten Zeit geht man schlafen, zur rechten Zeit wird man morgens wieder geweckt. Das Leben ist so diszipliniert – wie in einem Kloster!

Im Grunde besteht kein großer Unterschied zwischen einem Kloster und einem Gefängnis. Im Kloster ist es ein bisschen härter, das ist alles! Im Gefängnis geht es ein bisschen menschlicher zu. Und die heutigen Gefängnisse, besonders in den höher entwickelten Ländern, sind wirklich lebenswert, mit Farbfernsehen und all so was!

Seit Jahrhunderten hat sich der Mensch ständig verbessert – so hat er auch seine Gefängnisse enorm verbessert! Er ist sehr anspruchsvoll, sehr kultiviert und zivilisiert geworden – und das ist bloß ein neuer Anstrich für die Wände seines Gefängnisses, eine Verschönerungsaktion. Und nun kommt plötzlich so ein Buddha daher und sagt zu euch: »Kommt heraus ins Freie! Lasst euer Leiden, lasst eure Sorgen zurück!« Ihr könnt euer Leiden und eure Sorgen nicht so leicht zurücklassen.

Darum kreieren sich selbst die Leute, die der Welt entflohen sind, die der Welt entsagt haben, erneut ihr neues Leiden. Wenn sonst keiner da ist, der dir Leiden schafft – keine Frau, kein Mann, der dich unglücklich macht –, dann schaffst du es dir eben selbst. Da gibt es Leute, die auf einem Bett aus Dornen schlafen… Keine Ehefrau bereitet ihnen dieses Bett; sie selbst machen sich all diese Mühe! Da gibt es Leute, die fasten und sich damit beinah umbringen. Auch das tut ihnen niemand anders an; es ist ihre eigene Idee.

Asketen sind selbstzerstörerische, selbstmörderische Leute, masochistisch und pervers, aber man hat sie als Heilige, als Mahatmas verehrt, nur weil sie sich ihr Unglück selbst bereiten. Man sollte sie in die Psychiatrie bringen! Sie haben Therapie nötig. Sie haben der Welt entsagt, aber ihrem Leiden können sie nicht entsagen; darum schaffen sie sich ihr Leiden selbst. Und wenn so jemand sich sein Leiden selbst schafft, respektieren ihn alle! Nur weil man euch erzählt hat, dass das etwas Großartiges sei – er opfert sein Leben für Gott!

Gott ist kein Sadist. Er hat keinen Spaß an eurem Leiden und an euren

Sorgen. Seid nicht töricht, seid nicht so dumm! Aber der Grund ist, dass die Menschen ihr Leiden nicht loslassen können. Eher können sie dem Gold und den Palästen und dem Geld und der Macht entsagen, sie können allem entsagen – aber wenn es darum geht, ihrem Unglück zu entsagen, ist es das Schwierigste, was ihnen je begegnet! Euer Unglück ist schon so lange bei euch, dass ihr keinen anderen Lebensstil kennt. Der einzige Stil, an den ihr gewöhnt seid, ist die Sorge.

51) AUF DASS DEINE RUHE NICHT GESTÖRT SEI

Weise nicht zurück, was dir gegeben,
noch strebe nach dem, was anderen zukommt,
auf dass deine Ruhe nicht gestört sei.

Werde nicht zu einem Gelehrten. Was auch immer deine Erkenntnisse sein mögen – vergiss das alles! Werde wieder unschuldig.

Was normalerweise passiert, wenn die Meditation tiefer geht: Es geschieht etwas – aber du bist nicht dankbar. Im Gegenteil, du meinst, dass es dir zusteht, und eigentlich hätte es schon viel früher passieren müssen! Du bist ein so wertvoller Mensch, so tugendhaft, so heilig, und du hast schon so viel getan! – Weshalb solltest du dankbar sein?

Das ist die verkehrte Haltung – so bringst du den Prozess zum Stillstand. Wenn du dankbar bist, kann noch viel mehr zu dir kommen. Darum sei dankbar, selbst wenn nur ein kleiner Lichtblick zu dir kommt. Ein einziger Lichtstrahl – sei dankbar, als wäre die ganze Sonne zu dir gekommen! Und sie wird kommen, die ganze Sonne, im Gefolge des Lichtstrahls. Aber wenn du nicht dankbar bist, dann verschließt du dich wieder. Dann wird selbst dieser Strahl verschwinden, und du fällst wieder in die Dunkelheit, zurück in deine Dunkelheit.

52) SEI GEWAHR

Bringe dein Denken zur Ruhe.
Reflektiere. Sei gewahr.

Kontempliere über diese Sutras. Strebe nach eigenen Erfahrungen… Denn Buddha ist kein gewöhnlicher religiöser Mensch. Er ist an Wundern nicht interessiert. Er ist an irgendwelchen okkulten, esoterischen Dingen nicht interessiert. Er ist nur daran interessiert, dich zu transformieren. Er ist ein sehr praktischer Mensch.

Moses und Jesus spielen Golf im *Heavenly Country Club*. Als Erster bringt Jesus den Ball mit einem Schlag ins Loch. Nach ihm bringt Moses ebenfalls seinen Ball mit einem Schlag ins Loch.

»Okay, Mosi, bis jetzt stehen wir gleich«, sagt Jesus.

»Hör zu, Jecki«, protestiert Moses. »Jetzt haben wir's uns wieder mal gezeigt. Wie wär's, wenn wir jetzt die Wunder weglassen und ein bisschen Golf spielen?«

Buddha hat nie Wunder vollbracht – das ist das größte Wunder. Er ist nicht interessiert, dich mit mystischen Dingen zu beeindrucken. Seine ganze Bemühung geht dahin, dir den Schlüssel zu geben, damit *du selbst* die Türen zu allen Mysterien öffnen kannst. In seiner Vorgehensweise ist er ganz existenziell, unphilosophisch, unintellektuell. Er ist nicht kopfig, sondern ganz praktisch, sehr pragmatisch. Du wirst ihn also nicht verstehen können, wenn du ihn nur liest.

Versuche, mit dem zu experimentieren, was er sagt. Versuche, deinen Verstand zur Ruhe kommen zu lassen, zu reflektieren, gewahr zu sein – und dann sieh selbst, was daraus folgt: Freiheit, Seligkeit, Wahrheit, Weisheit, Unschuld, Reinheit… Tausende von Blumen beginnen, in dir aufzublühen. Plötzlich bricht der Frühling aus.

SAMMASATI – ENTDECKE DEN BUDDHA IN DIR

In einem einzigen Wort
ist alles Wesentliche enthalten:
»SAMMASATI«

Gautama Buddha ist nicht der einzige Buddha der Weltgeschichte; es gab bereits Tausende von Buddhas in den verschiedensten Teilen der Welt. Sie sind vielleicht nicht als Buddhas bekannt geworden, aber das Wort *Buddha* bedeutet ja einfach nur »der Erwachte«.

Es war nicht Gautama Buddhas Name; sein richtiger Name lautete Gautama Siddhartha. Als er erwachte, haben jene, die begriffen, dass er erleuchtet war, angefangen, ihn »Gautama Buddha« zu nennen. Aber der *Buddha*, so sagt auch Gautama Buddha, ist etwas, das allen menschlichen Wesen innewohnt – und nicht nur allen menschlichen Wesen, sondern allen Lebewesen. Es ist die Wesensqualität aller *Lebewesen*. Jeder hat das Geburtsrecht, zu einem Buddha zu werden.

Jeder Erwachte, überall auf der Welt, hat das Recht, sich »Buddha« zu nennen. Gautama Buddha ist nur einer von Millionen von Buddhas, die es gegeben hat und noch geben wird.

Die Qualität, die alle Buddhas im Zentrum ihres Seins verbindet, ist Achtsamkeit, Gewahrsein. Achtsamkeit hat die gesamte Spiritualität zum Inhalt, in ein einziges Wort komprimiert. Sei gewahr, dass du nicht der Körper bist, sei gewahr, dass du nicht das Denken bist, sei gewahr, dass du reines Gewahrsein bist. Nur ein spiegelgleiches Bewusstsein – ohne Urteil, ohne Lob, ohne Tadel –, ein reiner Spiegel. Das bedeutet Buddha.

Ein Buddha zu sein, ist nicht das Gleiche, wie ein Buddhist zu sein. Ein Buddhist ist ein Anhänger, ein Buddha ist ein Wissender.

In dem Moment, da du deine Buddhaschaft erkennst, kennst du alle Buddhas – die Erfahrung ist immer die gleiche.

Sei still. Schließe die Augen.
Fühle den Körper wie völlig erstarrt.
Schau nach innen, so tief wie möglich.
Dies ist der Weg.
Am Ende des Weges bist du der Buddha.

Und die Reise ist sehr kurz – ein einziger Schritt.
Nur totale Dringlichkeit und absolute Ehrlichkeit sind nötig,
um direkt in dein eigenes Sein zu schauen.
Dort ist der Spiegel, und der Spiegel ist der Buddha.
Das ist dein ewiges Sein.
Tiefer und tiefer musst du nach innen gehen,
bis du dich selbst findest.
Zögere nicht. Da ist keine Angst.
Natürlich bist du allein,
aber dieses Alleinsein
ist eine großartige, eine wunderbare Erfahrung.
Und auf diesem Pfad begegnet dir niemand anders
als du selbst.

Entspanne dich
und sei ein aufmerksamer, wahrnehmender Spiegel,
der alles reflektiert.
Weder haben die Dinge die Absicht, reflektiert zu werden,
noch hast du die Absicht, ihr Spiegelbild einzufangen.
Sei einfach ein ruhiger See, der alles spiegelt,

und die ganze Seligkeit ist dein.
Dieser gegenwärtige Augenblick
ohne Denken, ohne Zeit –
einfach Reinheit, ein grenzenloser Raum.
Das ist deine Freiheit.

Und solange du kein Buddha bist, bist du nicht frei,
hast du keine Ahnung von Freiheit.
Lass diese Erfahrung tief einsinken
in jede Faser deines Seins.
Sei wie ein Schwamm,
lass dich ganz davon durchdringen.
Wenn du zurückkommst, komm durchtränkt
vom Nektar deiner Buddhanatur.
Und erinnere dich an diesen Zustand, an diesen Weg.
Du sollst ihn vierundzwanzig Stunden bei dir haben,
in allem, was du tust.
Im Sitzen, Stehen, Gehen, Schlafen
sollst du der Buddha sein.
Dann wird die ganze Existenz zur Ekstase.

Über den Autor

Oshos Lehren lassen sich in keine Kategorie einordnen. Sie decken alles ab: von der individuellen Suche nach dem Lebenssinn bis hin zu hoch brisanten politischen und gesellschaftlichen Themen, vor denen die moderne Welt steht. Seine Bücher hat er nicht selbst geschrieben, sondern sie sind Wiedergaben von Tonband- und Videoaufzeichnungen seiner spontan gehaltenen Reden und Vorträge, in denen er 35 Jahre lang Fragen seiner Zuhörer beantwortete.

Über seine Arbeit hat Osho einmal gesagt, er trage dazu bei, die Bedingungen für die Geburt eines neuen Menschen zu schaffen. Diese neue Art von Mensch hat er häufig als »Zorba the Buddha« bezeichnet – ein Mensch, der in der Lage ist, wie Alexis Sorbas die Freuden der Welt zu genießen und wie Buddha in stiller Heiterkeit in sich zu ruhen. In allen Aspekten von Oshos Werk kommen die zeitlose Weisheit des Ostens und das hohe Potenzial des wissenschaftlichen westlichen Denkens zum Ausdruck, die sich beide wie ein roter Faden durch seine Worte ziehen. Ebenfalls weltweit bekannt sind Oshos revolutionäre Beiträge zur Wissenschaft der inneren Transformation, wobei seine Meditationstechniken dem beschleunigten Tempo des modernen Lebens angepasst sind. Seine einzigartigen »aktiven Meditationen« dienen dazu, zunächst den in Körper und Geist angesammelten Stress abzubauen, sodass es uns leichter fällt, den entspannten und von Gedanken befreiten Zustand der Meditation zu erfahren.

Die Texte dieser »Osho Buddha Box« entstammen der zwölfbändigen Serie von transkribierten Vorträgen Oshos über das »Dhammapada« des Gautama Buddha, den Zentraltext des Buddhismus schlechthin.

Weitere Informationen finden Sie auf der Website:

www.osho.com

Als Goldmann Taschenbücher sind von Osho bereits erschienen:

Mann und Frau (13280)
Meditation (21521)
Tantra (21520)
Emotionen (21560)
Weibliches Bewusstsein – Weibliche Erfahrung (21562)
Was kann ich tun? (21561)
Liebe, Freiheit, Alleinsein (21599)
Meditationsführer (21609)

Sutras und Meditationskarten
für innere Ruhe und Gelassenheit